永善

【文化昭通】

总策划　杨亚林　郭大进
主　编　王　忠
本卷主编　刘洪芸

世界溪洛渡　云上马楠山

云南人民出版社
云南出版集团

"文化昭通"丛书编委会

总 策 划 杨亚林　郭大进
主　 编 王　忠
副 主 编 尹朝禹　吴　静
执行主编 朱大庆　郑　萍　吕亚平
总 监 制 李　维
监　 制 江庆波

编　 委 李　勇　艾自由
编　 务 王嫣霏　张荣炯　陈文超　杨恩智　文　鹏

文化昭通·永善

本卷编委会

本卷策划 戈昌武　傅再胜
本卷统筹 陈　祥　许成建　刘洪芸　王　勇
本卷主编 刘洪芸
本卷副主编 刘和朝　陈永明　殷　卉
本卷执行主编 陈永明
执行副主编 杜福全　刘安忠

本卷编委 曾国才　董永鸿　钟青山　刘光祥　陈信崧
　　　　　　肖文杰　胡晓燕　刘和朝　陈永明　殷　卉
　　　　　　周兴文　邓　波　杨天平　李　燕　刘安忠
　　　　　　杜福全　马忠福　周　伟　刘官康　崔　彧
本卷撰稿 陈永明　刘安忠　杜福全　刘金富　陈　洪
本卷图片统筹 冷翔山　袁志坚
本卷图片提供 冷翔山　袁志坚　王耀财　夏廷安　罗　铭
　　　　　　　　王连生　李文刚　柴峻峰　杨　琳　车应华
　　　　　　　　张万高　陈永明　杜福全　刘金富　周　菊
本卷编务 曾达云　曾志岗　刘金富　文　剑

图书在版编目（CIP）数据

文化昭通．永善 / 刘洪芸主编．—— 昆明：云南人民出版社，2019.6
ISBN 978-7-222-17229-6

Ⅰ．①文… Ⅱ．①刘… Ⅲ．①地方文化 - 永善县 Ⅳ．① G127.743

中国版本图书馆 CIP 数据核字 (2018) 第 099726 号

创意策划： 云南出版集团公司产业发展部
出 品 人： 赵石定
责任编辑： 刘 焰　徐 霞
设计总监： 袁亚雄
装帧设计： 李乐乐　熊小熊
责任校对： 陈春梅
责任印制： 窦雪松

文化昭通·永善
WENHUA ZHAOTONG YONGSHAN

主编： 刘洪芸
出版： 云南出版集团　云南人民出版社　　**// 发行：** 云南人民出版社
社址： 昆明市环城西路 609 号　　**// 邮编：** 650034
网址： www.ynpph.com.cn　　**// E-mail：** ynrms@sina.com

开本： 787mm×1092mm　1/16　　**// 印张：** 17.25　　**// 字数：** 240 千
版次： 2019 年 6 月第 1 版第 1 次印刷
印刷： 云南出版印刷（集团）有限责任公司　云南国方印刷有限公司

书号： ISBN　978-7-222-17229-6　　**// 定价：** 79.00 元

如需购买图书、反馈意见，请与我社联系
总编室：0871-64109126　发行部：0871-64108507　审校部：0871-64164626　印制部：0871-64191534

版权所有　侵权必究　印装差错　负责调换

云南人民出版社微信公众号

总序

600万年前,地球这颗星球还是一片蛮荒。

现今的昭通坝子是野生动物的乐园。

猿、䴙鹿、貘、剑齿象、犀牛、河狸、水獭在这里生生灭灭。

太古蛮荒,日长如年。

星球旋转,时序更迭。

几百万年的岁月就这样过去。

10万年前,昭通过山洞一带,有了"人"。他们从哪里来,不知道;他们怎么生活,不清楚。

昭阳巡龙湾、鲁甸野石、巧家小东门等石器时代遗址的发现,让历史的蒙昧天幕依稀闪现出了一丝文明的曙光。

人类在繁衍,母系、父系,生生不息。

部落在迁徙,登山、涉水,寻求更好的环境。

公元前7世纪的春秋早期,中原已是"郁郁乎文哉",滇东北高原还是一片黑暗。

一个人,一个部族的出现,改变了这一切。

他,就是杜宇!

昭通有文字记载的历史从此开始。

杜宇"从天堕,止朱提",拂去神话的色彩,应是一个在西南大地上迁徙的部族。他或他们在朱提——昭通坝子的突然出现,揭开了昭通文明史新的一页。

足音如雷,人声鼎沸;筚路蓝缕,以启山林。

从此，弹丸之地的昭通和中华文明的母体，紧紧连在了一起。

来也匆匆，去也匆匆。

稍事休养生息后，杜宇，又带着他的部族北上了。

如果说，文明是人与自然结合的产物，是人在自然界留下的痕迹，那么，杜宇刻在昭通的痕迹，是既涂且重了。

这条痕迹在滇东北的密林深箐，崇山巨壑中往北延伸，进入川南，直达成都。

这，就是五尺道的前身。

不管后人把这条道路叫作海贝之路、盐铁之路，抑或是茶马之路、丝绸之路，但它实实在在是一条羊肠小道，是一条文明的脐带。

而这条路，是杜宇和他的部族，用脚板走出来的。

昭通，是这条文明脐带上的一个重要节点。

整个春秋战国时代，正是这一条血脉，联系了中原和南滇，尽管有时它似乎微弱得似有若无。

公元前4世纪末，李冰为蜀守，修筑了闻名于世的都江堰。但，不要忘记，他还有一个功劳，就是修筑了从僰道（今宜宾）通往滇东北的道路。

又过了百年，到公元前3世纪末，秦始皇"席卷天下，包举宇内"，海内一统，雄才大略的他又把眼光盯在了这条道路上，他派常頞在李冰修筑的基础上，把路往南延伸，"五尺道"初步定型。并在"诸此道颇置吏焉"，秦王朝的触角伸向了这里。

昭通"锁钥南滇，咽喉西蜀"，成了中原通向云南的桥头堡。汉文化、西南夷文化在这里交融，碰撞出了绚丽的火花。

文化昭通的滥觞从这里开始。

西汉王朝设郡置县，通道置驿，移民屯田，中原的先进文化随着铜铁竹木、僰僮髦牛的贸易，源源不绝输入这里。西汉末，文齐率夷汉人民"凿龙池，溉稻田"，说明农耕文化已然发展。

东汉，随着南中大姓的兴起，汉文化已扎根这片大地。灿烂的朱提青铜文化，使昭通成为名副其实的"中国汉洗之乡"。被誉为"南中瑰宝"的东汉《孟孝琚碑》是儒风吹拂高原的明证。它那理性而悲愤的文字内容、沉郁而厚重的书法风格，连同朱提青铜器那精美的制作工艺，至善至美的工匠精神，给昭通文化不小的影响。

东晋"霍承嗣壁画墓"中的夷汉部曲壁画形象，是夷汉文化在昭通进一步融合的明证。这时的昭通"其民好学，为南中冠冕"，文化的发展已然走在云南的前列。

当然，文化的发展从来是不平衡的。五尺道沿线及坝区的居民点，受汉文化影响较深，南中大姓基本沿用内地的生活方式，而边远山区的一些部族，到了晋代依然还是"食肉衣皮、言语服饰不与华同"。

南北朝至隋唐，随着中原王朝的衰微，"夷强汉弱"，文化的发展亦进入低谷。

唐宋昭通夹在中原王朝及云南地方政权南诏、大理之间，天高皇帝远，除豆沙关留下一小块唐袁滋摩崖刻石外，未发现更多的史料及文物。

宋、元、明三代，昭通与中原多数时间"荒梗不通"，成为乌蛮土司"争官夺印"、互争雄长之地。生产力停滞、倒退，文化建设上亦乏善可陈。

清雍正年间的"改土归流"，无疑是昭通政治、经济、文化发展史上的一个分水岭。流官、营兵、垦户、矿厂的大量入昭，带来了汉文化的再度复兴。"乌暗蒙蔽"变而"昭明通达"，昭通迎来了历史上第二个文化的高峰，从而开昭通近代文化之先声。

民国昭通作为云南高层领导龙云、卢汉的故里，素有"小昆明"之称。云南作为抗战的后方，大量南渡北归的文化人经过，为昭通带来了文化的新气息，使昭通文化的发展，比肩于内地发达地区。

改革开放后，惊雷声声，万绿齐萌于沃野；春风忽渡，鲜花竞放于高原。"昭通作家群"的异军突起，标志着昭通文化进入了一个希望的春天。

回眸昭通文化，它像一条历史长河，千折百回，跌宕起伏。时而惊涛裂岸，时而幽咽泉流。有辉煌也有暗淡，有厚重也有单薄，有前进也有停滞。

凝视它，有欣喜也有苍凉。

我们没有理由妄自菲薄，我们更不该夜郎自大。

昭通文化，是一个复合多元的文化，是生活在这块土地上的各族人民共同创造的。这条文化的长河，流淌着生活在这块土地上的各族人民的心血和汗水，是各族人民共同创造的结晶。

从杜宇部族脚下的草莽小径，到蜿蜒曲折的五尺道，到今天的高速公路、铁路、航空线，文化的脐带愈来愈宽阔、愈来愈结实。

交通，与昭通文化的关联太紧密了。

昭通、昭通，不昭不通，不通不昭。

昭明，才能通达；通达，将更加昭明。

一个更开放、更包容的社会，将更有助于昭通文化的繁荣兴旺。

在前进的道路上，我们既要回望传统，又要放眼未来。

要守住自己的根，也不要小视别人的果。

要有文化的自信，更要有文化的自省。

这样，我们才能长大。

序

世界溪洛渡　云上马楠山

五千年悠悠岁月，苍茫时光
铸就了一个千古不变的神话
一只巨手，伸进乌蒙腹地
捧出千载文明
放进一颗跳动的心脏
磅礴的山脉，挺起巨人的身躯

奔腾的江河，传承人类的血脉
刀劈的群山，斧削的岩石
筑起大山的巅峰
咆哮的江河，惊天的巨浪
唤醒沉睡的大地
手握石器，岩石缝里敲出文明的火花
青铜铸造的刀剑，披荆斩棘

历史的开拓者
在千年亘古中创造文明
岁月的拓荒者
在古驿道上走马帮
在纤夫路上拉帆船
在摩崖石刻上铸辉煌
在僰人悬棺中留密码

在五莲峰下著篇章

时代的淘金人
在云上马楠山，舞蹈
在世界溪洛渡，放歌
在大山典籍中，续写
享誉世界的文化传奇

从万物自生自灭的洪荒年代，到上古唐虞时代，在金沙江畔的永善，在这片神奇的土地上，还鲜有人类活动的历史记载，曾被史家称为荒芜之地。

这里，高山挽着高山，峡谷连着峡谷。谷底蒸腾起云海，与磅礴的乌蒙山脉和神奇的大高原绵延相连。玉带般环绕的金沙江，从青藏高原唐古拉山一路走来，一泻千里，赛跑般来到溪洛渡，又朝着一个叫作太平洋的方向奔流而去。

沿着金沙江河谷一路升腾而起的群峰，与莽莽苍苍的原始森林为伴，高山大川，飞泉流瀑，凶禽猛兽出没其间。野性十足的土地上，所有的生物都生机勃勃。今天，当我们听到太多以飞禽走兽命名的地名，总让人情不自禁想象这片土地的原始面目，想象她曾经的血气方刚和神秘莫测，不自觉地勾起人们对远古岁月的向往与追寻……

一

乌蒙山雄奇险峻，大气磅礴；金沙江浪滚潮涌，奔腾不息。

山的壮美，水的蜿蜒，在这里写下了"壮美永善·欢乐金江"的诗意画卷。傍水而居，依山而行。永善，就在这方山环水抱的天地里栖息，怀揣梦想的永善人，就在这片热土上，开疆拓土，繁衍生息，与时俱进，挥洒豪情！

打开祖国的版图，我们可以看到：地处云南东北部的永善，位于昭通市北面，属于金沙江下游东南岸的五莲峰山系，东与盐津、大关县毗邻，南连昭阳区，北接绥江县，西与四川雷波、金阳县隔江相望，是一个镶嵌在祖国大西南、金沙江怀抱的水电基地。东西横距46.6公里，南北纵距121.2公里，总面积2789平方公里。金沙江流经永善境内9个乡镇，穿山越岭168.2公里，由南向北一路奔腾而去，留下了许许多多关于山、关于水、关于人的故事，造就了诗意的"云上马楠山"，成就了博大的"世界溪洛渡"，把大山大水的壮美、欢乐金江的神韵、民风民俗的绚丽，馈赠给"德行隽永，善行天下"的"永善"人。

追根溯源，一个地方的历史都有她的来龙和去脉。永善，何以为"善"？打开历史的大门，走进尘封的史册，我们的视野便会清晰起来。《永善县志》（1995年版）记载，"永善"之得名，源于当年云贵总督鄂尔泰征剿平定米贴，并由朝廷钦命县名。《嘉庆永善县志略》记载："因当地土酋叛服靡常，变乱频繁，为形势所迫，相度地宜。建城永善，取其边境永久安平，民众平和善良之义。"这里，我们完全可以理解为"永远平安善良"之意。

事实上，永善的历史是十分久远的，早在夏禹时就属梁州域，周朝时属于雍，秦始皇二十六年（前221年）则属西南夷。西汉元封五年（前106年）属犍为郡朱提县。东汉属犍为属国朱提县。三国蜀汉时，属益州朱提郡朱提县。西晋太康二年（281年）属益州朱提郡南广县。东晋至南朝属宁州朱提郡河阳县。北朝周属南宁州。隋开皇三年（583年）废郡改州统县，属南道开边县；大业年间属犍为郡。唐初属剑南道戎州辖驯州。唐南诏国属拓东节度辖曩部地。北宋属梓州府路乌蒙部。南宋为潼川府路乌蒙部。元代属云南行省乌蒙路，至元二十一年（1284年）置乌撒乌蒙军民宣抚司，至元二十四年（1287年）改置乌撒乌蒙宣慰司管军万户府，乌蒙路均属之。明朝时今县境北部为四川马湖府地，南部为四川乌蒙府地。清朝"改土归流"转属云南。清康熙三十四年（1695年）清廷授予彝族首领安永长阿兴土千户之职，驻防桧溪。雍正六年（1728年），置县治于米贴（今属黄华镇），定县名为"永善"。

清雍正八年（1730年），以"在金沙江之南，与米贴、井底相连，距川省窎远，且隔大江之因"，将吞都、副官村一带（原属四川）划归永善；同年,乌蒙府叛,云贵总督鄂尔泰邀滇、川、黔三省兵力会剿于米贴,使城变为废墟。雍正九年(1731年),迁县治于台都(今莲峰镇);同年十月,移原驻鲁甸之巡检驻副官村;翌年副官村改设县丞。光绪三十二年(1906年),设井桧弹压公署于井底,分管下半县。光绪三十四年(1908年)划出北面的副官村另设靖江县(今绥江县)。民国元年(1912年)井桧弹压公署改名为井桧行政公署,民国八年(1919年)改名为井桧分县署;民国二十八年(1939年)驻地井底改名为井田镇,民国三十六年(1947年)井桧分县署被撤销。1950年3月中国人民解放军43师129团进驻永善,4月永善县人民政府成立,隶属云南省昭通地区(今昭通市);1951年3月,永善县城迁至井田镇(今溪洛渡镇)至今。

其实,一个地方叫什么并不重要。名字,除了记载一段历史,似乎都会随着历史的进程而衍变。更重要的,是一个地方山水的灵气,文化的厚重,以及这方山水孕育了怎样的人文、民风和精神。

永善的由来,与金沙江有关,与这方山水有关。金沙江润泽永善大地,养育永善儿女,涵养了永善人包容、大度的情怀,赋予了"永善"新的内涵,因而有了"永善"的另一含义。从地理位置看,永善地处金沙江和关河之间,左右靠水,"二水"为"永"。圣哲老子说:"上善若水。水利万物而不争……""居善地,心善渊,与善仁,言善信,政善治,事善能,动善时。"因而"永善"又有"师法自然,从善如流"之意。这里,人们向"善"的渊源与水是密不可分的,生长在金沙江怀抱的永善人尽享着得天独厚的福分,祖祖辈辈因水而缘,靠水而居,在大山大水之间生存、劳作,他们在金沙江跳跃五千多米落差奔涌而来的嶙峋风骨和狂野本色中搏击,在绵绵江水"善、勤、恒、容、韧"的精神世界里陶冶,仰仗这方山水,练就了刚毅、坚强的韧劲和奋发向上、敢于拼搏的大山精神。

永善之"善",也是"明德之善"。《国语·晋语》说:"善,德之基也。"明"明德",方能"至善",修德、修智,方能洞悉学问事理,修炼智慧、培养才能,让人明敏、明智、明察,对万事万物了然于心,方能塑造超群的智慧、才干和高尚的道德、人品。一个地方的文化传承,都是在历史的不断演进中，日臻完善的。两百多年来，先民们从"服从管教"的桎梏中走来，善品善行，践行"明德""至善"的价值取向，追求崇高、完美的"至善"境界，形成了永善人"德行隽永，善行天下"，以"诚善之心，身体力行"的传统"善"价值观和价值理念。

"明月寒风夜半开，德人犹有子猷来。永闻华表隐幽谷，善说神仙为第台。"这是北京画家、诗人李夏夏对"明德永善"的诠释。受水的恩泽与滋润，得益于山的熏陶、水的滋养，得益于"明德"的励志，"善行"的践行，勤劳睿智的永善人，秉承"明德永善"的古训，锤炼了"博爱、奉献、坚韧、包容"的情怀和品质，锻造了"团结奋进、敢于拼搏，求真务实、善于创新，奋发有为、勇于担当"的永善精神。

历史，诠释了"善"的由来，赋予了永善这片土地穿越时空的记忆，赋予了永善儿女"明德至善"的使命和不懈追求。

二

金沙江，这条气势磅礴的大江，是中国第一大河长江的上游。在两千多年前战国时期的史书《禹贡》中将其称为黑水，《山海经》称之为绳水。金沙江沿河盛产沙金，故有"黄金生于丽水，白银出自朱提"之说，宋代因为沿河出现大量淘金人，而又称为金沙江。

金沙江有多长的历史，永善的历史就有多长。远在四千多年前的新石器时代，就有人类在这块热土上劳作生息。诸葛亮七擒孟获的故事在这里流传，僰人悬棺至今犹在。黄坪，清代就是"滇铜京运"的大码头，由此装船，由水陆两路送至宜宾，然后分送朝廷各铸币点，故金沙江船运，有"黄金水道"之称。自古就有汉、彝、苗、回等多个民族陆续迁进，生聚日繁。由于地处云南、四川和贵州的交界地段，属典型的山区地貌，素有"三川半"之称。

永善这片厚重的土地，它的厚重，源自千百年来人们在这块土地上繁衍生存，所不断积蓄的深厚的民族文化和人文精神，以及与周边地域文化的交融,尤其是中心城市昭通的千年浸染。"五岭逶迤腾细浪,乌蒙磅礴走泥丸。金沙水拍云崖暖,大渡桥横铁索寒……"当年,毛泽东意境深远、气吞山河的诗句,天下传诵,令人叫绝。诗中所描绘的,就是金沙江这条大地上的江河,而金沙江又与永善有着千丝万缕的血缘、亲情。

特殊的地理位置,使金沙江蕴藏的巨大的能源和资源得到开发利用,世界级的溪洛渡和向家坝水电站建设,使境内168.2公里的江面和众多支流、河谷,形成一个"高峡出平湖"的壮丽奇观,赐予永善"金沙江上的旅游天堂"的美誉。

地质演化的世界奇观在这里汇聚,远古神秘遗址在这里孕育,历史征战的风云在这里弥漫……上天倾慕这片土地,撒下五彩珍珠,赐予了永善八大旅游主类、五十余处景观;大地独钟这方热土,孕育灵秀山河,造就了三十五条峡谷、六十七座高峰……这里,有金沙江大峡谷的雄奇秀美、五莲峰的俊秀神韵、马楠山的神秘浪漫、码口溶洞群的鬼斧神工、红糖村的清秀娴怡、青龙古汉墓的悠久历史、百年古镇的独特魅力和浓郁的民族风情;这里,有细沙原始林区、玉笋天然地质奇观等丰富的自然旅游资源;这里,有新石器时代遗址、铜运古道、桧溪土司墓、佛滩僰人悬棺等人文资源;这里,有彝族月琴、苗族芦笙、汉族狮舞、打鼓草山歌等悠久灿烂的历史文化!

这方山水风光令人陶醉,人文史话让人流连。

踏上这片山灵水秀的土地,行走沧桑的"古驿道",流连精彩的民间"狮舞";品一品苗家的"三道酒",尝一尝彝家的坨坨肉。徜徉在这片神奇的高山大川之间,你会迷失在"百褶裙"和"蜡染"刺绣精美的图案里,你会沉醉在"月琴"和"芦笙"美妙的旋律里!

三

金沙江,一条自然之江,一条生命之江,也是一条历史之江、人文之江、梦想之江。

金沙江，这条日夜奔腾的大江，她不止流金淌银、流光溢彩，她还是永善赖以生存的生命之河、生态之河、文明之河、幸福之河，她赋予永善以新的生命、新的意义和新的起点。

大自然的鬼斧神工，造就了一道逼窄神秘的峡谷，在21世纪派上了用场——在峡谷中建设一座巨型水电站，这也许是造物主都没有想到的问题。峡谷两岸两道笔直的悬崖如两列巨型火车排山倒海般飞驰而来，一声汽笛长鸣之后，稳稳地停在了溪洛渡，成了一道天然"石门"，为巨型电站的建设创造了得天独厚的有利条件。这让人不免想起"天门中断楚江开"这样气势磅礴的千古绝唱。2003年12月，距永善县城3公里的金沙江峡谷之中的溪洛渡口，一声开山炮响，一座装机容量1386万千瓦、中国第二、世界第三的世界级水电站——溪洛渡水电站在这里诞生了。十年之后的溪洛渡，不羁的金沙江静如处子，两岸高山耸峙，峡谷中一道大坝巍然矗立，坝上高峡平湖，一泓碧波如镜，坝下清流急湍而泻，让人禁不住为大坝的大气和霸气而惊叹，为溪洛渡矗立一座水电丰碑、书写的"水电传奇"而自豪。

金沙江，在这些无数支流的山川与河流间，世世代代的永善人日出而作、日落而息，勤奋耕耘，坚韧执着，以愚公移山之精神，以改天换地之气魄，书写了一部辉煌的人类生存史、奋斗史。

因了金沙江，永善这个名不见经传的地方开始声名在外；因了溪洛渡，永善人有了属于自己的文化名片。永善，这个大江之上的"水电明珠"城，见证着金沙江奔腾咆哮、桀骜不驯的前世，和碧波蔚蓝、静若处子的今生；见证着"云上草原·浪漫马楠"的梦幻与悠远；见证着"魅力金沙江·世界溪洛渡"的豪迈与激情。

今天，勤劳的永善人民，正在这些大山的皱褶里，挥汗如雨，耕耘大地，耕耘着一个关于金沙江的梦，一个关于永善全面小康的梦，一个国强民富的祖国梦。"清洁能源基地、特色农业重点县、长江上游生态屏障、新兴旅游目的地"的愿景和蓝图，正在这方大山大水之间徐徐展开……

四

在人类历史的长河中，永善，本身就是一部历史的典籍。走进这部曾经泛黄，如今却鲜活无比的史书，让我们如饥似渴，收获无限风光。

打开永善这部厚重的典籍，细细品味，永善的历史文化、永善人的家国情怀，源于传统文化的一脉相承。正是这方古老厚重的土地，孕育了永善灿烂的文化、多彩的风情、朴素的民风、奇特的习俗，源于永善人不畏艰难、坚韧担当、勇于挑战、开拓创新、朴实无华、乐于奉献的不朽品质。

怀着无比崇敬的心情，一次次走进永善，走进这方肥沃的厚土。这方似曾相识、如同记忆里故乡一样的土地，它为我们打开了前所未有的视野，打开了一道厚重的大门，让我们看到了什么是物华天宝，什么是人杰地灵，什么是伟大，什么是牺牲，什么是奉献……

在这里，每一寸土地都仿佛有了灵魂；每一条山川河流都鲜活如同血脉，每一块土壤都在生根发芽，冒出新的生命；每一块石头都长有自己的眼睛，炯炯有神，凝视远方；每一棵树仿佛都在对话、在交流、在沉思……

聆听，每一层大山的皱褶里，都有传奇的故事在发生；静观，每一层大山的皱褶里，都有鲜活的生命在奔跑；细看，每一层大山的皱褶里，都留下了人类攀爬的足迹。一重大山，一层皱褶；一个梦想，一部历史。每一层皱褶就是一部可歌可泣的永善活的历史，一首催人泪下的千古歌谣，一部振奋人心的恢宏巨著。翻开这一部部厚重的大山一般的历史，你能从中看见永善的过去、现在和未来，它真真实实地记录着一个完整的永善，一个鲜明的永善，一个活跃的永善，一个年轻的充满朝气的永善，它记录了永善人大山一般的精神，大地一样的品格，江河一样的人性。

这里，我们看到的，不仅仅是一个发展的永善、崛起的永善、希望的永善、美丽的永善，一个活跃的永善、激情的永善、跳动的永善、流淌的永善。这里，还有相互包容的民族文化的血脉交融，以及民族精神世代传承的智慧的缩影；这里，我们看到的是，一幅21世纪大写意的古典山水和民俗风情画卷，一幅气势恢宏的、形象而生动的、现代版的"清明上河图"！

五

云上马楠山，就是旅者眼中一抹绚丽无比的风景；豪情金沙江，就是歌者心中一个永不褪色的记忆；世界溪洛渡，就是47万永善人恭迎嘉宾贵客的一张享誉世界的文化名片。

走进永善，让我们穿越历史之光，寻觅青铜遗韵，追寻先人的足音；徜徉故道沧桑，遥想走向中原的辉煌；去古城溯源，洞穿三百年苍茫岁月。

走进永善，让我们凝眸经典岁月，阅读红色故事，点燃风雨如歌的记忆；细数风流人物，诉说还看今朝的情怀；寻访文化名家，书写文脉永续的精彩。

走进永善，让我们徜徉峡江山水，置身金江画廊，感受荡气回肠的水墨世界；打马高原仙境，巡游梦幻如诗的人间天堂；探秘自然奇观，解读心驰神往的旷世神话。

走进永善，让我们探寻多彩民俗，体验民风民俗，吟诵千年不老的史诗；捡拾民间遗存，演绎天人合一的传奇；回味舌尖永善，品尝地道自然美味……

壮美之永善，欢乐之金江！
世界溪洛渡，云上马楠山！
一首唱不老的歌谣，一段听不完的故事。
一道看不够的风景，一部读不尽的典籍。

目录 Contents

1 总 序

5 序 世界溪洛渡 云上马楠山

001 第一章 穿越历史之光

002 青铜遗韵：追寻先人的足音
024 故道沧桑：从这里走向中原
054 古城溯源：三百年苍茫岁月

079　第二章　凝眸经典岁月

080　红色故事：点燃风雨如歌的记忆
099　黄华，英雄的热土
110　风流人物：诉说还看今朝的情怀
120　文化名家：书写文脉永续的精彩

127　第三章　徜徉峡江山水

128　金江画廊：荡气回肠的水墨世界
150　高原仙境：梦幻如诗的人间天堂
162　自然奇观：心驰神往的旷世神话

171　第四章　探寻多彩民俗

172　民风民俗：吟诵千年不老的史诗
208　民间遗存：演绎天人合一的传奇
225　舌尖永善：品尝地道自然美味

250　后　记

第一章

穿越历史之光

　　人类文明的进步史，总是与大江大河有着千丝万缕的联系。翻开世界历史的册页，人类社会的每一次转折和发展，都是在江河湖泊的怀抱中孕育、发展和传播。于是，今天的人类，有了无数条母亲河。

　　永善，在清代以前，史书上记载的内容并不多，寥寥数语中，历史的脉络也不成体系。但是，当我们沿着金沙江流域，掀开覆盖在大地之上的层层面纱，朝着历史的深处一路探寻，在涛声中聆听来自大地深处的青铜遗韵，就能听到铜石并用时代，先人们在金沙江畔踏歌而行的足音。

　　当年，滇中的银铜和茶叶，通过永善境内的铜运古道和茶马古道，沿着金沙江下游，分水陆两路，抵达中原文化的腹心地带，支撑起历代王朝的货币经济和独具东方神韵的茶文化。

青铜遗韵：追寻先人的足音

> "咽喉西蜀，锁钥南滇"，是云南通往巴蜀、中原的重要通道。21世纪初的几年时间，云南的文物考古研究专家们，在永善县团结乡大毛滩金沙江边的滩涂地带，发现了远古人类生活的灰坑、灶膛、柱洞、排水沟、陶器、石斧和动物的骨骼，在苦战营发现了西汉墓和双耳铜罐……
>
> 沿着金沙江逆流而上，在务基镇青龙村的台地中，发掘出土了汉晋古墓，还有码口龙泉汉文化遗址等等。人类活动的历史，在金沙江流经永善的区域，缓慢朝着云南大地的腹心地带延伸。

大毛滩：新石器时代遗址

初夏时节，绿意还在山野流连，大地从困顿中苏醒过来，河水一路欢腾，翻滚起激情的浪花。伫立团结河与金沙江交汇的滩涂上，放眼日渐清明的金沙江，宽阔而宁静的江面上，偶尔有舟船驶过，泛起长长的白色水波。江边的水草丛中，不时飞起几只不知名的水鸟，轻盈的身子在江面上一掠而过……向家坝水电站库区蓄水之后，那条浊浪排空、惊涛拍岸的金沙江，昔日桀骜不驯的野性不在，成了一条安静而温顺的河流。

凝目眼前静如处子的水面，总是让人不自觉地想起那条远去的金沙江。那些曾经深埋于此的远古人类活动的遗迹，又一次没入水底，沉入时光的深处。看似平静如镜的江面下，究竟隐藏了多少我们至今不曾知晓的秘密，又有多少历史的暗潮在时间的深处涌动！思绪随风飞扬，若有似无的涛声中，仿佛听到河流的深处，石器和青铜击打出原始而古朴的交响乐，耳边响起了先民们在猎猎江风中踏歌而行的足音。

奔腾的团结河

　　浩荡奔腾的金沙江，在丛林草莽和险象环生的峡谷中奔跑，以不可抗拒的洪荒之力，唤醒朴素的生命脉动。远古的先民，沿着金沙江流域，从时光的隧道中缓步而来，择水而居，在金沙江沿岸的丛林、滩涂或河谷地带，安营扎寨，繁衍生息，悟道自然山水，传播文明薪火。

　　长江流域是中华民族古代文明的发源地之一。明代地理学家徐霞客就有"推江源者，必当以金沙为首"的结论，说明了长江上源为金沙江的历史地位。江河之间的源与流，其文化位置上的意义远远超过地理位置上的意义。地处西南边陲的云南，相对于以黄河流域为中心的中原地带来说，无疑是边缘地带。因为有了金沙江，古老的中原文化，逆长江而上，出川入滇，沿着金沙江的源头方向，一路延伸到祖国的边陲之地，浸染和丰富了这片古老而神秘的土地。

❶ 出土的石器
❷ 出土的陶片
❸ 出土的石斧

出土的兽骨

　　金沙江边的大毛滩，田间地头到处是被时光打磨过的石头。对于栖居于此的村民来说，祖祖辈辈在小河欢腾的歌声中生息，在金沙江潮起潮落的涛声中劳作，他们勤劳的双手抚摸过无数江边河谷那些灵性的石头。然而，当一块"斧子"状的石头露出地面的时候，历史的脚步便在这里驻足。

　　1982年的一天，村民杨书榜在承包地里"坡地改台地"时，挖出了一件像斧子的石头。看着这块形状独特的石头，杨书榜不自觉地想到了砍柴时使用的斧子，脑子里仿佛浮现出历史课本里曾经介绍过的什么物件。丢开课本几十年了，模糊的感觉已经难以清晰呈现出具体的模样来。这块普通而独特的石头，圆滑而温润的体表，并非天然生成，分明留存着人类熟悉的体温。细心的杨书榜收藏了这块石头，并在1992年把它捐给了县文化馆。1994年9月，经云南省文物考古研究所张永

康、马文斗、杨福等考古研究专家鉴定，这件石器为新石器时代的石斧。石斧平面为梯形，横部为扁平椭圆形，刃部锋利，呈弧形双面。石斧通体长15厘米，身厚4厘米，上端6厘米。石斧的表面，留有使用过的痕迹。

然而，孤立的一块石头，在当时的条件下，并没引起考古界的重视。

在后来的几年时间里，大毛滩的村民在沙土地里再次发现了像斧子一样的石块。他们把这种呈楔子状的石块称为"雷楔子"，认为是天上的雷公"打雷"使用的工具。在修房造屋深挖地基时，村民又相继挖出过铜器碎片、钱币等物件。在没有文物知识的村民看来，这些锈迹斑斑的器物毫无价值可言，"破铜烂铁"带回家里不吉利。于是，这些重见天日的文物，又被随手扔进了团结河。

2006年4月，向家坝水电站库区蓄水在即，大毛滩出土文物

出土的网坠

大毛滩二桥

考察正式拉开序幕。考古学家们实地勘察和比较研究，发现大毛滩出土的石斧与昭通金沙江流域已出土的文物相似。金沙江是长江的上游，长江中下游的先民在往上游迁徙的过程中，自然地将人类文明带到了金沙江流域。专家们根据出土的石斧推断，团结乡大毛滩一带，在新石器时代就有人居住，杨书榜及其邻居的承包地块，为新石器时代的先民生活居住的两处遗址。2008年4月至6月，云南省文物考古研究所康利宏教授带领考古发掘工作队正式进驻团结乡大毛村，对大毛滩遗址开展抢救性保护发掘工作。

大毛滩遗址位于金沙江支流团结河西岸的二级台地上，共有两个点，相距约400米。发掘区域A区，当地村民称为下坝，发掘面积200多平方米，地层堆积共有12层；发掘区域B区，当地村民称为老屋基，发掘面积100多平方米，地层堆积共有9层。通过对这两个区域的发掘，发现了一批当时人类活动遗留下的基槽、柱洞等房屋遗迹和火堆、灰坑等生活遗迹。同时，还出土了一批重要的文物，包括磨制精美的石斧、石纺轮，制造石器的石坯料半成品，饰有绳纹、方格纹等纹饰

的陶器残片，大量的陶制网坠等生产生活用具。此外，还出土了铜器残片、矿渣，以及当时人们食用残留的诸多动物骨骸等。

考古专家根据地层堆积和出土文物的研究认为，大毛滩两处古遗址年代为新石器晚期向青铜器时代过渡的铜石两用时代。这一发现说明，永善境内在5000多年前已有先民居住。先民们在团结河与金沙江交汇的滩涂地带，临水而居，以渔猎为生，已会制陶、渔猎、养殖，初步掌握了铜的冶炼技术。

大约在公元前4700年，中国就初步掌握了古老的黄铜冶炼技术。大约在公元前3000年，先民们已掌握了青铜冶炼技术，开始步入青铜时代。从黄铜时代到青铜时代这个历史阶段，正是有文献记载的炎黄时代，及夏、商、西周至春秋时期，历经了1500多年的历史。

从考古发掘的历史遗迹来看，先民们在大毛滩活动的足迹，从铜石并用时期一直延续到了东汉时期。在21世

❶ 大毛滩新石器文化遗址（团结大毛村）

❷ 团结河

纪初,大毛滩出土了石室墓,随墓出土了"五铢钱"、双耳铜罐等文物。永善县文化馆将村民发现的这些物件,送云南省考古研究所鉴定,专家到大毛滩实地考察研究,认定大毛滩为东汉文化遗址。

驻足今天的河岸,追溯远古时代的这片山河,群山之上的原始丛林早已将自己包围,一条遍布枯木和青苔的小河在身边涓涓流淌,成群结队的鱼儿在清澈的河水中嬉戏跳跃。

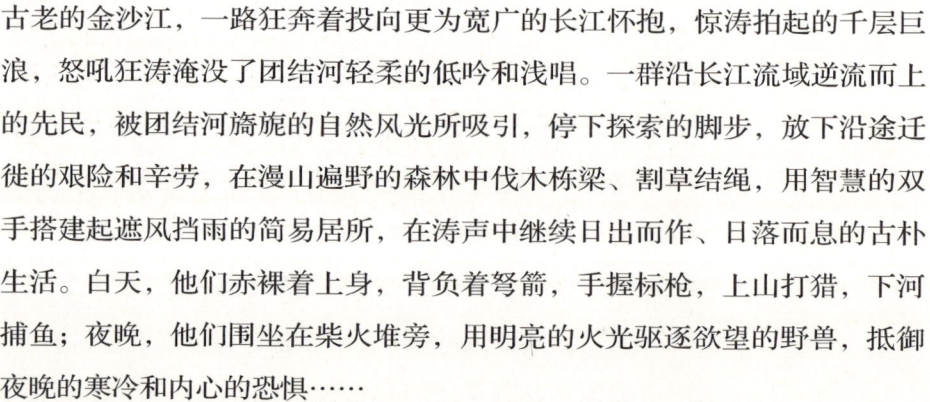

古老的金沙江，一路狂奔着投向更为宽广的长江怀抱，惊涛拍起的千层巨浪，怒吼狂涛淹没了团结河轻柔的低吟和浅唱。一群沿长江流域逆流而上的先民，被团结河旖旎的自然风光所吸引，停下探索的脚步，放下沿途迁徙的艰险和辛劳，在漫山遍野的森林中伐木栋梁、割草结绳，用智慧的双手搭建起遮风挡雨的简易居所，在涛声中继续日出而作、日落而息的古朴生活。白天，他们赤裸着上身，背负着弩箭，手握标枪，上山打猎，下河捕鱼；夜晚，他们围坐在柴火堆旁，用明亮的火光驱逐欲望的野兽，抵御夜晚的寒冷和内心的恐惧……

如今的大毛滩，清明的金沙江水漫过那一大片河谷的滩涂，宽阔而宁

静。团结河的流水清澈见底，悄无声息地与金沙江融为一体。河岸的青山，绿树成荫，鸟语花香，湖光山色倒映水中。夕阳西下，霞光返照，打鱼人摇橹归来，平静的水面，闪烁着金色的波光，仿佛远古的青铜之音穿越时空，在岁月的河面上跳跃着幽远而神秘的音符。

务基青龙：汉晋古墓

在"两岸青山相对出"的金沙江峡谷，乘坐客船或快艇，沿金沙江逆流而上，就可以抵达一个叫青龙的地方。这里地势平坦而开阔，金沙江流经此处，渐渐放慢急速奔跑的脚步，江面突然变得宽阔而平缓起来。溪洛渡水电站库区蓄水后，青龙村曾经的岸，以及岸上的一部分土地，被淹没在了水底，形成一片宽广而平静的水域。

青龙村地处金沙江边的河谷地带，海拔较低，阳光充足，气候温热，有宽阔的河滩、沙石台地可以耕种，这里出产的"金江"花椒，麻得纯正而奇香，早已声名远播。没修建溪洛渡水电站之前，青龙村便是金沙江边一个富裕而古朴的村落。如今，溪洛渡水电站青龙库区移民在抬高的江岸，在一片碧绿的水域边，建起了时尚现代的新集镇，交通、水利等基础设施的不断改善，节假日来这里垂钓、休闲的人越来越多，一个江边特色旅游小集镇已显雏形。村民们经历了几年的搬迁劳顿之后，在这水陆交通极为便利的江边，过起了更为闲适的生活。

青龙人引以为自豪的，是脚下这片祖祖辈辈生活的土地，这里在两千多年前就有人居住。那些遥远的历史，从青龙出土的古墓群就可得到最好的证明。在青龙的村民看来，这里背山面水，前临金沙江，背靠雄山奇峰，是一块适宜人类居住的风水宝地。那一片平坦而肥沃的土地上，可以种植许多早期

❶ 团结河
❷ 水星坝七星石

人类的粮食作物。从这里出发，可顺江而下，也可逆江而上，沿金沙江两岸迁徙游走，方便族群间的沟通联络，也便于躲避自然灾害和异族的入侵。在青龙村境内，无数条大大小小清澈明净的涓涓溪流，从悬崖上临空而下，沿着平坦的沙土地，横穿全境，之后缓慢汇入浩荡的金沙江，为这里的村民提供了优质的水源。在人类改造自然的能力还比较脆弱、物质生活条件还很单薄的时代，温热的气候环境和良好自然条件，无疑是人们安居乐业的首选之地。

20世纪80年代初期，文物部门开展文物普查时，在青龙发现了菱形纹砖100余块，砖石封土墓，封土已夷平。这一发现，被收录在2001年出版的《中国文物地图集·云南分册》中。在当时的条件下，地方文物部门不具备进一步发掘的条件，对发现的文物尚难得出准确的考证和判断。

21世纪初，溪洛渡水电站库区蓄水之前，开始了金沙江沿线电站库区文物的保护性发掘工作。2006年3月至5月，云南省文物局指派省文物考古研究所考古研究专家杨凡领队，组成由省、市、县文物工作者参与的文物考古队，对溪洛渡水电站库区淹没区青龙古墓进行保护性发掘。

考古队现场发掘，发现青龙古墓属带墓道的、有左右耳室的券预砖室墓，主墓室的券顶已坍塌，左右耳室的券顶保存较好，

❶ 出土文物：汉代铁锸
❷ 出土文物：汉代铁剑

墓道口有3块石头封堵墓道。墓道近墓门处有一现代盗坑，但未及墓室。墓尾壁砖已塌落，填土较花，判断为早期盗坑。墓道长181厘米，宽75厘米至154厘米，距地表深105厘米；墓门长178厘米，宽127厘米，残高110厘米；主墓室长380厘米，宽180厘米，残高120厘米；左耳室长270厘米，宽135厘米，高164厘米；右耳室长120厘米，宽135厘米，高146厘米。左耳室内西壁底部有一长215厘米、宽28厘米、厚8厘米的砖砌平台。古墓墓砖为青灰色，一侧有模印几何花纹，砖长46厘米、宽21厘米、厚6.5厘米。另外，还有券顶砖，为楔形，砖长46厘米、宽21厘米、厚6厘米至8厘米。

东汉铁斧（码口）

因古墓早年被盗，且墓室券顶已塌陷，没有发现葬具痕迹，随葬品已被盗掘一空，仅左墓室靠墓门两侧发现残陶碗底及陶片，墓尾端底部有一铜质圆环，左右耳室底部残留两件银环。在墓室底部靠墓门处，发现有少量残骨，已成朽骨。在左右耳室入口底部，发现腐朽的肢骨。根据墓室结构及墓砖形制，考古专家判断，该墓属典型的东汉时期汉式墓葬。在墓道口采集有汉式"五铢钱"，也是具有时代标识性的文物。

务基青龙汉墓葬的发现，说明两汉时期云南昭通受内地汉文化影响极大。《华阳国志·南中志》记载："朱提郡……先有梓潼文齐，初为属国穿龙池，溉稻田，为民兴利，亦为立祠。大姓朱、鲁、雷、仇、递、高、李，亦有部曲，其民好学，滨犍为，好多士人，为宁州

❶ 汉墓发掘
❷ 汉砖

汉代兵器：铁矛

冠冕。"由于汉、晋时期这类墓葬的封土堆较大，是历代盗墓的主要目标，业内也有"十墓九空"的说法，青龙汉墓也说明了这一现象。由于后来的历次改土活动，今天这一区域地表已不见封土堆。据文物管理部门的调查，青龙村区域内的汉墓，不止发掘这一处，在这个约5000平方米的台地区域内，还有多处曾发现或挖出过汉式墓砖，甚至可能尚有未使用墓砖的汉代墓葬。

《华阳国志》记载，永善县境北岸的雷波（汉称潜街）、屏山（汉称安上）属越嶲郡，故刘琳校注《华阳国志》时，认为朱提郡朱提县辖今昭通、鲁甸、彝良、大关、永善等县地。"朱提郡本犍为南部，孝武帝元封二年（前109年）置，属县四。建武后省为犍为属国"，此指犍为南部改为犍为属国在安帝元初二年（115年），治朱提，领朱提、汉阳二县，蜀汉时朱提郡领朱提、汉阳、堂琅、南昌、南广五县，治朱提。今天的务基镇青龙村，在金沙江南岸河谷，汉晋时应为越嶲郡与朱提郡的交界地域。

时光追溯到1983年8月，地处金沙江边的码口镇龙泉村，发生了一次大规模的滑坡泥石流，让深埋地下的铜洗（双耳铜罐）、铁锸、铁斧等一批文物得以重见天日。这批文物中，铜洗（双耳铜罐）一件，口径12厘米；铁锸4件，均为生铁铸成，口扁方形，平面大体呈凹形，背平，面斜弧刃，每件长12.5厘米、宽13.5厘米、厚2厘米，质量约300克，正面两侧铸有阳刻"蜀郡"二字，小篆，竖排；铁斧2件，楔形，銎口扁方形，刃为双面弧形，斧身两侧有合范接缝线，每件通体长12厘米，刃宽9厘米，銎口径3.7厘米，质量约600克，生铁铸成。

铁锸即铁锹，插地起土的工具。《汉书·王莽传》中称作"负笼荷锸"。在汉代，铁锸为中原地区普遍使用的农业生产工具。春秋末战国初期，铁斧为先民制造和使用。在发掘古代文化中，考古专家在中原及长江中下游地区的战国至汉代墓葬中发现较多。

青龙远眺

码口镇龙泉村出土的铜器和铁器，经云南省考古专家鉴定，均为东汉时期的文物。《史记·货殖列传》记载：西汉初、中期，四川大冶铁高卓氏、程郑等，以铁器"贾滇蜀之民"。这一历史记载说明，码口境内出土的铁器来自"蜀郡"，也就是今天的四川。永善与四川省的金阳、雷波两县隔江相望，一衣带水，地缘文化联系十分密切，铁器上的"蜀郡"二字，说明永善境内金沙江流域与巴蜀历史文化的源远流长。

无论是大毛滩的新石器时代遗址、东汉文化遗址，还是青龙的汉晋古墓群，以及龙泉出土的东汉文物，都是先民在沿江迁徙的过程中，遗存的人类文明薪火。也许，在几千年甚至更为久远的漫长岁月中，古老的先民在金沙江流域创造的诸多文明，已被不可抗拒的自然之力所摧毁，或者在历史的变迁过程中被深埋于泥土之下。然而，点连成线、线连成片，考古学上的诸多证据足以证明，金沙江流域既是原始人群南北迁徙、东西交往的传播孔道，也是黄河流域的中原文明途经长江流域进入西南边陲的文化走廊。

❶ 古城石臼
❷ 青龙古石城

飞翔的梦想：僰人悬棺

站在金沙江边的大峡谷，举头仰望悬崖峭壁上那残存的棺桩、桩孔以及残存的棺木，让人不禁想到，史称"僰人"的那个古老而神秘的民族。他们把自己的历史赋予高岩，突然沉没于历史的长河，消逝在故纸堆中，只把这奇特的葬制和众多悲壮感人的民间传说遗留下来，让人们去沉思、去感悟、去遐想。

"僰人"，是个历史悠久、英勇善战的古老民族。从西周到宋、元、明

僰人悬棺（佛滩潋水岩）

时期，长达 2500 多年时间里，他们在祖国西南边陲这片神奇的土地上生存、繁衍，曾参加过周武王伐纣的牧野之战，战功显赫，被封为"僰侯"，在四川宜宾一带建立了"僰侯国"。一段时期，僰人不断发展壮大，成为西南地区少数民族的领袖。他们雄踞云贵川三界的咽喉地带，成为一个不易驯服的群体。

僰人悬棺葬，是古代比较奇特的安葬形式，被学界称为"上古遗存、天下奇迹"。永善境内的悬棺，是我国西南地区悬棺分布较广的地区之一。这些悬棺葬主要分布在金沙江边一带，如溪洛渡镇佛滩村顺河二组潋水岩悬棺、黄华镇金家沟悬棺、溪洛渡镇黄龙滩长岩方悬棺等等。

黄华僰人悬棺，位于黄华中心集镇东南面约 2.3 公里的桥湾大河沟旁，在"含辉"石刻西南面约 250 米处，海拔 560~640 米，遗

址现有木桩 6 根、凿洞 16 个。据观察，这里原来有十来具棺木，因年代久远，风雨侵蚀，棺木已朽毁不存，仅留凿孔和崖壁上的木桩。遗址分布面积约 250 平方米，距地表低处 10 余米，高处数十米。

佛滩僰人悬棺，位于佛滩村顺河村顺江二组金沙江南岸的绝壁上，是金沙江流域已发现的比较完整的僰人悬棺。削壁腾立，参天而起，悬棺就存放于绝壁半腰一长方形岩坎内，离地约 280 米，距山顶约 70 米。这里的悬棺有两具，一大一小，并排存放，至今保存完好。大棺长约 180 厘米、宽约 60 厘米、高约 50 厘米；小棺长约 150 厘米、宽约 50 厘米、高约 45 厘米，棺底板材厚约 15 厘米，天平板均为弧形板材，且前无挡板。远眺悬棺，金沙江边淡蓝明朗的天穹下，悬棺横陈近乎倾倒的绝壁，仿佛远古的精灵在凌空舞蹈。

黄龙滩长岩方僰人悬棺，因风霜雨雪的侵蚀和 20 世纪 70 年代修公路受损，已不存在。

关于悬棺的主人，一般认为是春秋以前居住在今川南、滇东北一带的僰人。较僰人晚近 1000 多年，生活在川南、滇东北一带的白僚、仡佬民族也有悬棺葬习俗。元代李京的《云南志略》、明代周汝成的《炎徼记略》对此均有记载，有"殁死有棺而不葬，置于岩穴间，高者绝地千尺，或临大河，不施遮盖"之说。据此分析，悬棺又有可能是白僚、仡佬人的遗存作品。在永善境内，当地人一直把悬棺称为"白儿子坟"，似乎确与白僚有联系。

从国内目前发现的悬棺葬看，有三种形式：一是木桩式悬棺，二是洞穴式悬棺，三是岩坎式悬棺。在永善发现的悬棺葬有两种形式，一种是黄华木桩式悬棺，一种是佛滩岩坎式悬棺。

僰民族消失后，留下了很多有价值的遗物遗迹。近几年，国内发掘的悬棺葬中出现的文物，有在三峡电站库区发现的春秋时期悬棺葬内的宝剑、铁器等文物，有明代的青花瓷碗、铁刀、小刀、铁梭镖、剑、丝麻制品等。尤其以在四川珙县发现的宋、赵、泸平夷图，凌霄城大寨门，九丝山上宋代末期剿僰人的岩刻和建武时的"平蛮碑",铜鼓最具代表性。

　　黄华僰人悬棺棺木已不存在,无法考证其随葬物品。佛滩僰人悬棺因地势险要,目前难以进行发掘。据当地村民讲,这种悬棺在金沙江边一带的悬崖峭壁上有五六处,由于修公路和风霜雨雪的侵蚀,大部分已损毁。20世纪60年代,有人从滮水岩山顶,用吊绳攀岩观察,发现有棺木、遗骨、土碗、酒具等随葬品。佛滩僰人悬棺,用高倍望远镜观察,棺木纹理清晰可辨,悬棺的一侧还放着一捆木柴,虽风化腐蚀,但木柴的枝杈清晰可辨。从当地村民介绍的棺内随葬品分析,其土碗、酒具等随葬品与长江三峡一带悬棺的葬品种类基本相同。但佛滩僰人悬棺旁边随葬了一捆木柴,这在国内目前所发现的悬棺葬物品中尚属首次。金沙江下游一带,特别是永善、雷波的少数民族地区,至今仍有安葬亡人后,其亲人抱柴而归,意为吉利、发财的风俗,这种习俗与佛滩悬棺葬存放木柴的习俗有十分密切的内在联系。

　　佛滩悬棺葬的棺木盖板为圆弧形盖板。据考证,在南方盛行棺木圆弧形盖板起于元代,悬棺葬起于2500多年前的春秋时期,终于明朝后期,由此可以推断,永善的僰人悬棺葬基本断代应为元朝至明朝末年。

　　悬棺是用什么方法放到悬崖上去,目前理论界主要有四种说法:一是绳索悬吊法,二是联桩铺道法,三是云梯法,四是垒土造山法。黄华僰人悬棺上面的岩石上,有由左下往右上的一排桩孔,应为联桩铺道,放好棺木后再撤去栈道的方法放置的。但佛滩顺江二组的僰人悬棺地理位置十分险要,就是运用绳索法、连桩法和云梯法都难以把几百、上千斤重的棺木放置到悬崖的岩隙里去。元代李京撰写的《云南志略》云:"行悬棺葬后,挂得愈高愈吉,以先坠者为吉。"这应是僰人行悬棺葬的原因。

　　曾经辉煌的僰人文明为什么消失?从僰人遗物遗迹分析,四川兴文县发现的《平夷图》原藏北京圆明园,八国联军攻占北京后被抢走,现存美国艾金斯美术馆,列为海外中国名画。其内容为宋政和五年(1115年)赵遹率兵到泸州以南一带平蛮之事,图中明确标注"赵遹攻克纶缚

悬棺遗址（黄华黑铁关）

大屯（僰王山）捕杀蛮首卜漏"和"赵遹出师攻克村屯诸事"，宋、明两朝皇帝先后在此图上题字。建武《平蛮碑》碑文是僰人消失的原证。四川兴文凌霄山上的宋代石刻记载：南宋末，宝祐乙卯年（1255年），元军将由云南攻入四川。时兴文称戎县属长宁军。为抗元军入川，在各地险峻之处修建城堡，为屯兵存粮出攻入守的根据之地，在凌霄山上修筑了凌霄城，与合川钓鱼城、乐山凌云城、宜宾东高城同为抗元的重要城堡。后因乐山、宜宾守兵降元，凌霄城亦破。现凌霄山48道拐处，仍留下南宋岩刻：

> 宋宝祐乙卯年（1255年），鞑贼自云南斡复，越明年制臣蒲泽员以天子命，命帅臣朱元措置泸、叙、长宁边面。又明年城凌霄为屯兵峙粮出攻入守，据依之地。阅四月经始，冬十月告成。

宋、明时期，宜宾一带（含永善）的僰人称为都掌蛮，以上两个石刻十分清楚地记载了当年元军剿杀僰人的过程。

由于宋、元、明几个时期都对僰人进行血腥围剿，到明朝末年，明军对川滇少数民族进行残酷镇压，人口相对较少的僰人遭到大量屠杀。僰人为了避祸，纷纷迁徙他乡，隐姓埋名，与其他民族融合，犹如玛雅人消失在曾经的辉煌中。悬棺葬这一人类文明，最终消失在人类历史的长河中，留下祖先飞翔的梦想，在悬崖峭壁上守望历史的天空。

故道沧桑:从这里走向中原

> 永善,是滇川门户之一。《恩安县志稿》中昭郡"……北通大关、永善及蜀之珙[县]、马[湖]、叙府。以上今称大路。"自古以来,这条贯穿永善大部境域的古驿道,是连通滇川的主驿道之一。
>
> 历史上,金沙江不仅承载着滇铜京运的重要使命,同时还承载着中原文化入滇的重要责任。

茶马古道

曾经去过溪洛渡镇富庆村一个名叫老兴场的村子,考察茶马古道的遗迹。

村子地处山野深处,高寒而阴冷,乡村公路正在修建,即将抵达村委会驻地。挖掘机刚挖出来的泥土公路,逢雨天,路面泥泞不堪,车辆难以正常通行。村街两旁,是老旧的土木结构房屋,家家户户的屋顶上,都安装有"天锅"——卫星电视地面接收器。在这个现代交通工具尚未普及的地方,村子里的人就靠屋顶上的"天锅",阅读外面的世界。同行的诗人说,那些"天锅"就是村庄的眼睛,它们爬上屋顶,昼夜朝着天空的方向眺望。看到眼前的情景,作为古道上的一个驿站,它的繁华和热闹,如今早已烟消云散,心里不经意间掠过一阵莫名的感怀。

村子里的大部分年轻人,沿着蜿蜒的山路来到通县油路上,搭个便车即可抵达县城,然后在客运站买张车票,沿着宽阔的二级路、高速公路走向外面的世界。他们中,有的每年还会回家过

古道时光

❶ 老兴场清朝嘉庆年间古石桥
❷ 古道驿站·老兴场

年,与老人、孩子团聚几日,然后又匆忙地踏上远方的征程;有的三五年回家过一次年,偶尔会给家里打个电话,寄点钱给老人和孩子;有的出去了再也没有回来,或者远嫁他乡,或者在外安家落户,或者杳无音信……留守在村子里的老人,尤其是那些从民国时期过来的高龄老人,他们对外面的世界知之甚少,但还能清楚地记得以前村街上的马棚、面馆、烟馆、酒馆、旅馆所在的具体位置。谈起远去的岁月,他们顿时来了精神,追寻着很早很早以前的旧时光,仿佛在等待着远去的马蹄声,唤醒他们沉醉的美梦。

这个叫老兴场的村子,与玉笋村的下兴场相对应。在永善的高山峡谷中蜿蜒伸展的古道上,老兴场只是一个马帮和背夫歇脚的驿站。从这里往北走,途经下兴场(玉笋)、吞都、佛滩、大毛滩、窝心里(桧溪),到大同与叙滇古驿道汇合,即可抵达绥江和叙府(四川宜宾);往南走,途经荞棚子、二龙口,到米贴,

经黄葛场、黄草坪，到达老县城莲峰，然后从茂林的新店台出去，就可抵达昭通府地。古道上这个小小的驿站，就是走向外面世界的一个点，一条条道路把这些点连接起来，就联通了整个世界。正如《古道歇棚记》中所言："古道者，古来人世跨空移时、运往行来之途；贯穿朝代、纫忧缀乐之线。"

在荒芜中寻访古道的踪迹，青石板铺成的道路掩映在丛林中，铺路的石板上布满了青苔。在离村子不远的地方，一条山涧溪流上横跨着一座古老的石拱桥，桥体已经变形，桥身有了裂缝，村里曾

玉笋秋色

古道驿站：大同

做过一次修整。这座名为"双河桥"的石拱桥，修建于清朝乾隆年间，距今有 280 多年了，桥旁的修桥碑早已不知所踪。桥很古朴，跟江南一带亭池楼台间的小石拱桥相似，桥洞的两边分别镶有一条石雕的龙头，龙嘴里衔着石宝珠，上水方龙嘴里的石珠宝已经不见了。当地人传说，在很久以前，集镇上的一户人家迎娶了一位新媳妇，新婚之后的第二天，顽皮的新媳妇就跑到石拱桥上玩耍。当她骑上龙头的时候，龙嘴里的石宝珠突然掉落到溪水中。她的这一举动惊动了村子里的人，他们沿着溪流寻找了很久，试图找回石宝珠重新放回龙嘴，但始终没有发现石宝珠的下落。不久之后，小溪涨了一次空前绝后的大水，漫过了桥面，那是第一次，也是唯一的一次。不久，那个顽皮的新媳妇无疾而终。那以后，无人再敢骑上石桥的龙头玩耍。

金沙江古栈道

桧溪头道岩古栈道

在细沙大同，有一条隐藏在山间丛林中的古道，被称为叙滇古驿道。从清乾隆年间走来，迄今已有两百多年的历史，曾是出滇入川进入中原的主要商贸通道。

在永善境内，以叙滇古驿道上的大同作为汇聚点，向南和向北一共有五条古道。其中，向南的三条：一条从绥江经中村、二十四岗、大同、桧溪、佛滩、吞都、黑铁关、码口或莲峰、昭阳、巧家、曲靖、昆明，可到达印度、缅甸、越南等东南亚国家；一条从绥江经大同、细沙、大关后，到达昭通；一条从大同经务基、青龙、美姑、越嶲，到达会理。向北的两条：一条从大同经绥江、宜宾、成都、中原，最后到达北京；一条从大同经绥江、宜宾、重庆，到达南京。古道上的大同，仿佛成了世界的中心，接纳着来自各方的马帮、背夫队伍之后，又从这里继续朝着不同的方向踏上漫漫征程，沿着叙滇古驿道出滇入川或者出

❶ 清嘉庆二十年（1815年）大同二十四岗冉氏摩崖石刻

❷ 古栈道上的摩崖石刻

川入滇，走向更为广阔的世界。2005年夏天，云南省旅游部门组织庞大的马帮，驮着4000公斤重的云南名茶，重走茶马古道。4000多公里山水旅程中，大同就是他们的一个歇脚地。

大同古街，始建于明末清初。清朝时期，因战乱逃难至此的冉氏之祖，曾在此修建有马店和客栈。民国时期，这里的马店和客栈已十分有名，过往的马帮，三五结群在此驻店歇脚，驼铃声声，不绝于耳。八十高龄的赵文华老人在大同古街生活了六七十年，见证了民国晚期到中华人民共和国成立初期马帮从大同经过的热闹场景。那时候，每天有几十匹驮马途经大同，大多驮着茶叶、药材、皮革和各种山货，从莲峰方向而来，在这里驻足歇脚后，穿街而过到绥江、宜宾方向去。有的赶着乌蒙马出去卖，回来时驮着盐巴、布匹和各种日常生活用品。中华人民共和国成立后，213国道公路从大同经过，马帮也随即改成了马车，再后有了汽车。古道完成了它的历史使命，渐渐退出了历史的舞台。

这个曾经繁华一时的驿站，历史的遗迹已经残破零落，残垣断壁撒落在民间的某些角落里。酒旗招展，岗茶飘香，吆喝阵阵，流水蛙鸣，民谣飞转……这些古道文化，早已随风远去，慢慢地模糊成人们茶余饭后的传说。如今，那个古旧的石板老街已不见了踪影，取而代之的是一个崭新的集镇，乡间别墅取代了昔日的穿斗木房子，规整的石砖取代了街道上的青石板，青砖白墙掩映了古旧的沧桑岁月。

永善境内山高坡陡，道路崎岖险峻，背哥和马帮都极其辛苦而危险。在人背马驮的时代，高山峡谷、草莽丛林中起伏曼延的古道上，既往来马帮，也往来"背哥"。他们用探索的脚步和辛勤的汗水，在荒山野岭中，逢山开路，遇水搭桥，开辟出了一条通往大山之外的商贸之路和文明传播之路。在古道的

沿途,民间流传着一些关于马帮和背夫生活的民谣。比如:

打杵戳地不戳天,背哥歇脚不歇肩;
终年四季奔波走,麻绳小路直通天。

又如:

山道弯弯月牙高,打杵敲地地皮摇;
背哥驮起山一道,茶马古道度终朝。

这些通俗易懂的民谣,生动形象地展现了山间古道的艰险和背夫生活的艰辛,同时也展示了他们为生活而奔波的无畏和豪迈。

当我们沿着叙滇古驿道,一路寻访,在崎岖的山道上每一次举步,都走得那么艰难,不断抬头看看林中的路,路在丛林中没有尽头,爬了一坡又一

坡，前面还是漫漫长路。山林中的流水和群鸟，在清闲地唱着空寂的歌，也唱出了这荒野的恬静与寂寞。在这荒芜的山野中，想象曾经从这里走过的人们，他们牵着马，驮着茶叶或布匹，背着盐巴或烟草，成群结队，在这崎岖漫长的山路上奔忙的情景，敬畏之情油然而生。驻足凝望苍茫的山野，山间的马铃声隐隐约约，脚夫的情歌在低谷回响，马的嘶鸣在高高的云端徘徊。

当现代交通网络遍布城市和乡村之后，这些曾经辉煌的古道和驿站，在时光的流逝中日渐萧条，甚至泯灭在荒野深处，无人再去涉足。几百年、上千年来，断断续续从古道上往来的人们，走过那段荒芜的岁月，就再也没有回来。他们，从这里走进了历史的深处，走进了一幅沧桑的历史画卷。

正是这样一条穿越了金沙江和乌蒙山的崎岖山路，在漫漫的历史岁月中，在沟通境内境外、各地各民族之间的经济文化、民俗风情等联系，在相互往来交流中，积淀成具有独特地域特点的厚重历史文化。作为中原文化和巴蜀文化进入云南的重要交通孔道，它不仅给永善带来了先进的农耕文明和先进的文化，还带来了先进的冶金工艺。

古道不仅运载着财富，更重要的是它承载着文明。

❶ 黄华古道
❷ 码口吊岩古道
❸ 路碑帽

铜运古道

  金沙江岩壁上的纤道,是让人崇敬的。头顶是直插云霄的绝壁,脚下是一路狂奔的惊涛骇浪,在提心吊胆的眩晕和恐惧中,用手掌去触摸那些钢钎和铁锤一寸一锤凿出的纤夫之路,把手指轻轻地伸进那些残留在岩石上的桩孔,从一个个光润的小孔或一条条细腻的凿痕中,就能触摸到历史的体温,人的身体和心灵,会情不自禁地感到震颤。遥想两百多年前,开浚金沙江航运的人们,赤膊露肩,在猎猎江风和

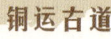

❶ 滇铜京运纤道
❷ 古道余晖

怒吼狂涛中,在悬崖峭壁上挥舞着斧凿的场景,不禁让人唏嘘不已。

金沙江穿越云南高原的崇山峻岭,历经千万年形成深切的峡谷,一直在两侧"金属的槽道"里穿行。流域内山高谷深,落差大,水流湍急,十八险滩自古就被视为畏途。历史上,人们把金沙江称为"千古闭塞之江",只能任江水肆意流淌。千百年前,众多有识之士提出开千古闭塞之江,使之与长江黄金水道相连,片帆可达吴楚,舟楫直下东溟。但是,由于自然环境太过艰险,始终难以实现这一宏伟的愿望。

从明代开始,人们对金沙江的地理认识逐渐清晰,意识到开通金沙江航运,将是由川入滇的一大捷径,利用水运将会带来极大的便利。明朝正统年间,靖远伯王骥、巡抚黄衷、汪文盛,就曾有开通河道的动议,但因历代蛮夷割据，中央王朝对金沙江流域的控制力还不强，最终未果。万历三十六年（1608年），工部右给事中王元瀚曾正式上书开发金沙江航道。到了清朝雍正及乾隆年间，京师及各省钱局铸币用铜多依赖云南各厂供给，每年外运铜总量达六七百万斤。随着中原对滇铜等物资需求的日益增长，单靠陆路的人背马驮难以满足运输需要，解决水运成为封建王朝迫在眉睫的问题。为了舒缓铜运艰难，确保京师及各省铸钱需要，经鄂尔泰首倡、庆复力主、张允随坚持，三任云贵总督不遗余力地奔走呼吁，开浚金沙江下游航道工程终于得以在乾隆五年（1740年）的冬天开始实施。

金沙江开浚工程，起自东川府小江口，迄至四川宜宾新开滩，全长650多公里，分两段施工。上段从小江口至永善黄坪，共计336公里，于乾隆五年（1740年）十一月动工。下段永善境内大兴金沙厂至新开滩323公里，于乾隆六年（1741年）十月动工。浩大的疏浚工程，共征调云贵川三省民工80多万人，耗银数十万两，抽调府、厅、州、县官员任督察之责。当时开修航道的工具和办法极为原始：先伐木积薪，堆放在出露于水面的礁石上纵火焚

滇铜京运纤道

滇铜京运路纤道遗迹

烧，再灌水骤激，待礁石酥脆，再用斧凿锤打。而修建金沙江两岸的纤道，工匠要悬空在崖壁上凿孔、楔桩，连成栈桥，再用斧凿锤錾修整。

至1745年下段开通，1748年上段开通，历时八年之久的建设，千古闭塞的金沙江终于看到了舟楫，实现了"舻舳相接，欸乃之声应山而响，而自蜀至滇商贾贸易者，亦络绎往来矣"。金沙江航运最盛时期，大小木船一天达200余只，下运贡铜，上运盐米，年运铜300余万斤。实际上，限于当时的技术水平，金沙江航道上段一直没有真正开通，滇铜自小江口上船，直航川江，枯水期辅之于盘驳、吊滩等措施，可勉强通行。汛期一来，水势、滩险等情况复杂，船毁铜沉事故时有发生。于是，只能把铜银从陆路转运到永善境内的黄草坪，再上船沿金沙江航运出滇入川。

黄草坪，又名黄坪，是金沙江边的一个小镇。清代有诗云："古坪黄

草盛,蜀道一江通。"这里历来就是边疆和内地物资商贸往来的一个江边小镇,也是清代铜运线路上一个重要的中转站和码头。清代的铜运路线比较复杂,滇铜京运主要包括分运、递运、长运三种运输路线。分运,即各铜矿将铜料运到云南、四川、贵州的官铜店;递运,各官铜店将铜料运至泸州官铜总店;长运,是泸州总店沿长江、运河将铜料运至京城。黄草坪正好处于分运和递运之间一个重要的中转码头,年运铜量占整个"滇铜京运"年运量的四分之一。清代在铜运线路的各水陆要冲设有铜店,黄草坪便是当时铜运线路上九个铜店之一,称为"黄草坪店",俗称坪店,由永善县经管。据《云南铜志》(卷四)"各店店费"中载:"永善县经管黄草坪店接运京铜,因金江夏、秋两季,水势溜急,未能装运。俟江水归漕之时,定例于十月开运,次年四月撤站。"

金沙江航运开通以后,因其独特的地理位置和区位优势,黄草坪迎来了历史上最繁荣的时期。正如张允随呈乾隆皇帝的奏折所说:"不独一省一时之利,实西南万里疆隅久安长治之

黄坪老街

计也。"而且，航运带动了沿途商业的发展，尤其是航运码头，各省客商蜂拥而至，"较陆运之费，可省十之二三，并将来川省商民闻风贩运，盐、米流通，民食亦可交接济"。黄草坪正是在这种情况下，迅速发展繁荣起来。据实地走访，当时黄草坪庙宇众多，如万寿宫、南华宫、川主庙、黑神庙等，黄草坪民居多为"前铺后碉"布局，前面临街是铺面，后面建有碉楼用于贮存货物和防御。考古发现的十八行省义冢碑，从一个侧面记录和反映了当时的黄坪各省客商云集，商业发达的情况。

昔日繁盛的黄草坪，如今已没入江底，成为一段历史的记忆。

随着金沙江航运的开通，除了官设的滇铜京运中转码头之外，官方在沿途还设置了一些渡口，既作为军事布防，也方便民间商贸往来。金沙江南岸的务基镇青龙村，因其扼守金沙江水道及沿江陆路通道，为历代兵家必争之地，有清时官设渡口——务基渡。在临江凸起的青龙嘴上，修筑有驻防工事，均为石墙。民国时期，此处为贸易场所。留存的遗迹，被称为"青龙古城"。

青龙古城遗址包括石城和土城两部分。石城遗址建于青龙嘴悬崖峭壁上的巨石山顶之上，三面临江，地势险要，视野开阔，对金沙江面及对岸，尽收眼底，一览无余。具体建城时间，因无史料记载，无从考证。据传，为吴三桂入滇时驻军所筑，又说为云贵总督鄂尔泰所建。古石城属于喀斯特地貌，由大小两个圆形营城组成，营城间有狭窄门道相连。石城东西约120米，南北约170米，城堡面积约2万平方米。石城的西、北、东紧临金沙江悬崖峭壁，未筑石墙。南部较为平缓，所筑石墙长约180米，城墙厚1米至2.8米。城墙上有规则的方口，可观察城外的动静。城内依地形及岩石自然面，建有石墙房屋数十间，有的保存较好，有的残破不堪。城内发现有大量散落的瓦砾和陶器碎片，碎片上有精美的图案，风格多样，质地各异。在城内的西北面，有一个天坑，深不可测，至今无人走到底。传说，20世纪50年代，天坑里杂草丛生，夜里能听到

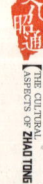

❶ 黄坪老屋壁画
（局部）

❷ 金沙江边的碑刻

纤道遗迹

老虎的叫声,后来人们把草割了,发现坑壁上仍留有老虎攀爬过的痕迹。

20世纪80年代,当地村民改地,将有城墙的部分挖平,发现石城内的一块大石头上建有一个粮仓,粮仓长9米、宽4米,面积36平方米。粮仓外修筑有排水沟,粮仓有一个长方形的凹槽。村民还挖出一处厨房遗址,内有灶台和大量土碗,还有凿在天然石头上舂米用的石臼等。

青龙古城遗址的土城部分,现在已无遗迹可寻。当年的土城,形状呈"舌"状,城门面金沙江而建,整个城墙沿金沙江边断崖筑成,东墙长约180米,西城墙约145米,城北宽约40米。城南较高处有一长65米、宽17米至21米的长方形平台,据传为炮台。以此推断,此城应为金沙江铜运古道的一个重要运输关卡。

清朝末年,金沙江对岸的四川彝民涉江来犯,城内一陈姓的大户人家,有一会武功的青年,率领城里的民众与彝民昼夜

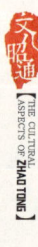

奋战。经过剧烈的激战，彝人最终把城墙打开了一个缺口，占领并统治了整个城堡。后来，当地一支武装力量又攻打石城，把城堡围得水泄不通。当时，城堡里住着三百多名彝民，开战双方用石头、火药枪、刀、叉、箭等交战，持续了好几天，最后由于石城内无水，彝民宣告失败，石城也因此战而变为废墟。现在的务基集镇，就是当年从这里搬去的。

民国时期，青龙古城被改建为赶集场所，城内商铺众多，商品琳琅满目，商贸往来交易极为繁荣。青龙古城因地处金沙江航运渡口的地理优势，一度成为沿江一带商贸交易的集散之地。

实际上，金沙江航运的下段，即黄草坪至宜宾新开滩这一段，通航也是季节性的，而且大量的险滩仍然难以通过。朝廷规定，铜运须由知县或县丞亲自押运，如遇翻船事故，定罪不赦。史载，曾有两名知县因铜运遭遇翻船而丧生，那是清乾隆十五年（1750

溪洛渡马家河坝栈道

年），永善知县杨茂在金沙江上护送铜运船只过险滩而落水死亡，老百姓在黄坪杨茂护船出发之地建祠，祭祀为大清国铜运事业付出生命的知县。后来，朝廷又规定，在十八处险滩失事，准予赦免。而逆江而上的船只更为艰难，全部要纤夫牵引行走。在金沙江畔，今天依然可以看见醒目的纤道在石崖上延伸，真实记录着金沙江上曾经不绝于耳的纤夫声、舟船云集的繁忙和行船的艰辛。

滇铜京运极大地改善了地方交通状况，为经济发展打下了硬件基础，稳固了改土归流之后中央对地方的统治，刺激了本地工商业的发展。就交通状况而言，铜政兴起之后，官方加强了驿道修治管理，拨出固定经费维修道路，设置铜房（仓库）、马站、哨所等。金沙江航道疏浚，又加修纤道，修治宽平了两岸沿江道路，方便了商旅驮马和行人的往来，活跃了商贸业的发展，永善境内的黄坪、黄葛树（黄华）、桧溪（窝心里）、楠木坪（大同）等沿江或交通要道上的集镇，得以兴盛起来。交通条件的改善，有利于募民屯垦，对永善的开发产生了深远的影响。

在中国冶金史上，永善既是滇铜京运的重要运输线路之一，同时也是古代银、铜、铅等金属采矿和冶炼地之一。《永善县志》记载，永善境内的大兴金沙银厂，始建于雍正五年（1727年），"官员由巡抚任命，共有炉房48间，矿洞30口"。据《滇南志略》和《昭通志稿》等史料记载，大兴金沙银厂于乾隆七年（1742年）开采，年征课银五千余两。从建厂到纳入朝廷整体规划的正式开采，经历了15年时间。细沙小岩坊铜厂于乾隆四十三年（1778年）开采，定年额铜达22000斤，遇闰办铜23833斤，归昭通府专管，永善经管。据《永善县志略》记载，小岩坊铜厂后来变为"知县专管，每年约收课银八千有零，今则额定每年采办铜一万九千余斤"。除此之外，

还有当时属永善管辖的副官村绍感溪、梅子沱（陀）二铜厂，"乾隆三十六年（1771年）收买永善金沙厂银矿冰燥，运至梅子陀煎铜，四十三年（1778年）定年额铜40000斤，专供京运"。"嘉庆十二年（1807年），冰燥缩短，年办铜20000斤，遇闰办铜21666斤，迤东道专管，昭通府经营。"

文字记载的历史是有限的，而实实在在发生过的历史，可能比文字记载的还要久远。

2002年，中国文物考古学界享有盛誉的著名核心期刊《考古与文物》，在当年的第2期，刊发了北京科技大学冶金与材料史研究所李晓岑教授《从铅同位素比值试析商周时期青铜器的矿料来源》的论文。李晓岑教授通过研

究大量考古学界的文献资料后指出，1984年"中国科技大学金正耀同志在钱临照院士、李志超教授的指导下，在国内首次用铜同位素质谱技术对河南殷墟出土的青铜器进行了示踪研究，发现在14件青铜器中（妇好墓12件，西区2件）有5件的铅同位素属比值非常低的异常铅，这种异常铅又在地质上属高放射性成因铅，它与云南滇东北永善金沙厂矿山的异常铅同位素特征是一致的，但和中国其他地区的矿山铅同位素分布场有很大的差异，所以实验结论认为这几件殷墟出土的青铜器的矿料应来自云南永善金沙厂的矿山"。这一结论，因为当时的样本数量和客观条件等原因所限，尚未得到学界进一步的论证和一致认定。还有人认为，滇东北与中原相距太远，从而怀疑从云南运到中原地区青铜原料的可能性。李晓岑教授通过后来国际国内考古界的大量研究成果和数据信息分析，认为"现在，与滇东北很近的四川广汉三星堆再次发现更多的与殷墟来源相同的青铜矿料，说明所谓'相距太远'不能作为原料无法输入中原的理由。另外，越靠近滇东北，有异常铅矿料的青铜器出现也越多，表明商代青铜器部分矿料来源于滇东北这一结论的合理性"。

李晓岑教授在论文的结语中写道："滇东北在中国冶金史乃至世界冶金史上都曾是一个有极为重要地位的地区，这个地区曾是商代中国最重要的金属矿料产地，也曾创造了很多冶金史上的伟大发明。"因此，很有可能，3000多年前，先民们就通过金沙江下游的水路和陆路，把永善的铜运往中原，创造了人类历史上具有划时代意义的青铜文明。

悬崖上的纤道

永善楠木进故宫

在团结乡境内,有一个关于"洗马木"的神奇故事,在民间广为流传。

团结河流经双河口,接纳了来自大关的木杆河后,在大毛滩入口处汇入金沙江的怀抱。团结河在双河口以上一段流域,还有一个古老的名字,叫洗马溪。相传,在离双河口不远处一段狭窄的溪沟内,曾横躺着一棵被巨石紧压的古老的巨木,不知何年何月被山洪冲涌到此,也不知在此滞留了多少年月。每逢酷暑时节,附近农家的大人小孩常常在此洗澡避暑,以横贯溪中的巨木骑马滑行嬉戏为趣。久而久之,"骑马木"渐传为"洗马木",这一段流域也就成了"洗马溪"。

1943年,洗马溪暴发特大洪水,民间传说看见了"走龙","洗马木"随"龙"而动,从团结河冲涌到距金沙江不远处苦战营对面的河滩上,被庙子堡一牧牛的龙姓少年发现。少年涉险渡河,

滇润楠(团结)

在此木上放置了石块做标识,表示此物已有主人。随后,龙家请了五六十名年轻力壮的汉子,用了七八天的工夫,将直径一米多、长约五米的神木,运到龙家在大毛滩开办的桐梓油加工坊。龙家主人到四川雷波渡口乡,聘请当地有名气的师傅刘榨匠,将此"神木"制作成"土榨"。从此,神奇的"洗马木"成了当地生产桐、梓油的工具。1956年,"洗马木"土榨加入合作社。20世纪60年代后,机榨逐渐代替了土榨。到20世纪70年代末,"洗马木"土榨被当地农民拆解,大多做了薪柴,部分被制作成桌、凳,流散当地民间。

极具传奇色彩的"洗马木",就是大名鼎鼎的楠木。成都武侯祠有碑文所载,一千七百多年前的蜀汉时期,蜀国曾在"大毛俚洗马溪"采伐"皇木",用于修建"刘皇叔"陵。由此可以推断,此"洗马木"的滞留年代,应该在采伐"皇木"之前。

关于"皇木",在团结乡境内的土地上,留下了许多历史的记忆。明朝洪武年间,朝廷曾派专员来到团结新田一带,将当地方圆数百里的楠木林封为"官林",在成材楠木上烙上官印,称为"皇木"。新田村的"官地"这一地名,一直沿用至今。尽管几百年时间过去了,20世纪末人们在新田村的深山中,偶尔还发现烙有官印的"皇木"。团结河边的木沉村,就因"皇运木沉"而得名,据说当年这里沉没过一棵皇木。如今,在团结河边的巨石上,还残存着当年闸阀拦水打下的桩孔。

《山海经·南山经》载:"虖勺之山,其上多梓枏。"郭璞注:"枏,大木,叶似桑,今作楠。"楠木,樟科常绿大乔木,其木质坚硬,经久耐用,耐腐性极强,自身带有特殊的香味,能避免虫蛀,自古就有"水不能浸,蚁不能穴"之说,是建筑和制作家具的优质珍贵木材。明人谷泰《博物要览》称其"质理细腻,为群木之长"。雍正《四川通志》称其为"备栋梁

木商摩崖石刻(新民)

之用"。其中，以金丝楠木质最优。其"生于穷谷，甘于淡泊，而以芳香自许，终登庙堂"，成为历朝历代皇家建筑器用之木。

从秦始皇开始，历代帝王之家就开始选用楠木修筑宫殿。杜牧在《阿房宫赋》中写道："六王毕，四海一，蜀山兀，阿房出，覆盖三百余里……"这里的"蜀山兀"，就是指砍光了四川的森林，因此造成了川地楠木的稀缺。唐朝修建大明宫，又在蜀山砍伐大量楠木，楠木的数量再次锐减。修建南京"六朝圣地，十代古都"，大量砍伐湖南、江浙一带的楠木，致使中原一带几乎无木可伐。到了明清时期修建故宫时，湖南、江浙一带的楠木已无可用之材。故宫

是世界上规模最大的皇家宫殿,始建于明朝初年,到清朝末年,因为火灾等原因,不断进行大规模的修复建及增改建,自然要消耗大量楠木。明清两朝,中央朝廷不断派员到川、滇、黔产木区大量采伐楠木、杉木,历史上称此为"木政"。永善就是"皇木采办"地之一。明朝时期,除在永善境内的新田、马楠一带采伐楠木外,于万历十一年至十三年(1583–1585年),因建慈宁、慈庆两宫,还在今天的细沙乡境内采办"一号香杉"。

明清以来,细沙乡的大同村,这个茶马古道上的小镇,就因盛产楠木而叫"楠木坪"。如今,乡民们还不时能在地下挖出地下沉睡几百年乃至

楠木产地:团结

树龄约1100年的细叶楠（团结）

几千年的阴沉金丝楠木。

雍正十三年（1735年），乾隆皇帝即位，此后对故宫进行了长达六十年的大规模增建和改建。此次增建和改建所需之楠木，大多采于云南永善和四川雷波。由于所需楠木数量大，两县下游金沙江两岸可采之楠木少之又少，采伐之人不得不顺江而上，到更加边远从未采伐的永善原始森林中觅伐楠木。在金沙江流域黄坪上游四十公里处的码口镇木跨组，有一摩崖石刻，其内容为："江南徽州府木商谢义盛雍正十年（1732年）十月立。"这些历史遗迹，清楚地告诉我们，沿金沙江边的码口一带，也是当年的木材采伐地。

木商摩崖石刻拓片（新民）

明清以前，金沙江沿岸的数百里地区，是莽莽苍苍的原始森林。万山丛中，到处是参天古树，其中不乏木质优良的桢楠、香杉和香樟等珍贵树木。那时候，边远之地的永善境内，人烟稀少，在金沙江河谷地区居住有僰人的后裔，高二半山一带的旷野丛林中，几乎无人居住。原住民为生存所需，对周边的草地、林地小规模的开发利用。除此之外，因为"铜政"的施行，中央朝廷从外省招募了一些汉族技工人员，在金沙江沿岸的山沟里开采、冶炼银铜。可以说，在这片古老的土地上，大部分境域都是未被开垦过的处女地，基本上保持着几千年来的原始森林状态。

永善楠木，从深山丛林中采伐之后，利用山间小溪筑坝蓄水，然后放坝将木材冲入金沙江河道。楠木顺金沙江而下，经宜宾、重庆、武汉、南京，至长江与京杭大运河交汇处暂泊，再沿京杭大运河北上进京，抵达京东张家湾后，再上岸搬运至崇文门神木加工厂。楠木漂流，场面蔚为壮观。史书记载："漂大木，蔽塞水面。"这种利用金沙江运木的方式，一直延续到20世纪90年代。一棵深山里的合抱之木，从荒芜的边地到繁华的京城，成为京都皇城的"栋梁之材"。这一路，跨越了万水千山，跨越了崇山峻岭，历经了多少险滩和激流，历经了多少坎坷和磨难！

能够经历如此艰辛的漫长旅程进京的楠木，极有可能是楠木家族中的珍品——金丝楠木。楠木专家介绍说，用灯光照射楠木木纹，木纹能丝丝闪烁幽光的就是金丝楠木，楠木生长四五百年，数百年间吸藏了生长地四周的矿物元素，正是那些金属元素闪烁丝丝幽光。楠木树中有无金子暂不定论，永善境内的深山峡谷中，埋藏着丰富金属矿物，就连金沙江的沙粒中都带有沙金。20世纪80年代，每逢枯竭季节，金沙江的两岸

还有淘金人在沙里淘金。永善境内的楠木，大多生长在金沙江沿岸的山野中，由此推断，永善进京的楠木十有八九就是珍贵的金丝楠木。

雍正六年（1728年）正式置县之后，永善的"县名"才正式出现在官方采木的文献中。实际上，"皇木采办"在永善的历史，比文献记载的历史还要早。从官方记载的伐木数量来看，历代王朝在永善境内采伐的楠木数量并不算多，不至于对境内的楠木造成毁灭性灾难。那么，为什么后来永善境内的楠木变得稀少，甚至面临濒危的处境？原因在于，当时朝廷曾以招商采买的方式采运皇木，各省木材商人趁此机会，勾结滇川两省地方官吏，打着替朝廷采办"皇木"的旗号，在沿江的永善等各县滥伐楠木、香杉等珍贵木料，然后运到各省倒卖，尤其是江南及沿海诸省较多。苏杭一带的一些大官员或巨商的庄院，都用楠木、香杉做主体用材修建而成。一位老人回忆说：以"皇木"名，倒卖楠木从中获利的事情，一直没有停止过，大的楠木砍完了，就砍小的，做盖料的也砍来运走。直到民国五年（1916年），周县长（永善黄葛树黑铁关人，此人在四川曾经任过县知事）与永善县的方县长合伙办"皇木"在宜宾失事后，采办"皇木"的活动才彻底结束。

明清两代的皇木采伐，延续了约五百年，其巨额开支，无论来自何种途径，最终都要由百姓负担。不仅如此，广大百姓还要承担危险、艰辛、繁重的劳役。上好的楠木多生长于人迹罕至的深山密林，距江河起运地一两百里甚至更远；有的生长于悬崖峭壁险危之处，砍伐搬运十分艰难，山中还有毒蛇虎豹等危患。要从深山里将楠木拖运出来，到达起运地，很不容易，夫役民工不时会有生命危险。"产木之处，十室九空，人民无几。即尽其州县之老壮男妇，俱充木夫，进山一千，出山五百，白骨暴于木莽，谈及采木，莫不哽咽。"可谓：一木进京都，路遗万堆骨。皇宫太平舞，妻儿径边哭。因此，康熙皇帝也曾采纳过臣下意见，几次停止采木活动。

如今，"皇木"建成的故宫，已经成为历史文化遗产，成为中华民族杰出智慧和伟大创造精神体现的重要组成部分。

树龄约 200 年的滇润楠（团结）

古城溯源：三百年苍茫岁月

> 永善自古属彝疆，时归云南，时属四川。清雍正五年（1727年），云贵总督鄂尔泰实行改土归流，平定乌蒙（今昭通）地区，将乌蒙从四川改属云南，设乌蒙府。雍正六年（1728年），定县城于米贴，设一知县、教谕、典史，分驻昭通镇标右营游击，抚驭乌蒙以西一带。雍正九年（1731年），迁县治于台都（今莲峰），设知县署、教谕署、典史署、右营游击署，置咸宁仓、盈宁仓、安丰仓等。
>
> 追根溯源，从古城的变迁中，便可以触摸苍茫岁月的记忆。

米贴县城

驱车从黄华镇政府驻地出发，半个小时左右的车程，即可到达米贴村。米贴的村街像一座小小的迷宫，以主街为中心往四散出去的条条小巷，把整个村街串联起来，互相联通又各有出路。前几年，这里作为新农村建设的一个示范点，对村街上的房屋建筑进行了统一规划，老旧的土木房子换成了崭新的砖混楼房，房屋的外观进行了统一美化，已是一个今非昔比的美丽新村。

米贴地处金沙江大峡谷一个缓坡上，村街上生长着枝繁叶茂的老树，有的树龄达三百年之久。在村街的小巷里转悠，一不留神，头顶就会横伸出一棵巨大的树冠来，遮挡了头顶的天空，它们是从村街居民的院坝里伸出来的。

在老人们的记忆中，早年的米贴，街道只有三百来米长，两三米宽，清一色的石板街，斜坡用石条铺成石阶。在漫长的岁月中，经年累月的人踩马踏，街道上的石板被时光打磨得光溜溜的，透着清冷的光芒。这光芒里，分明透露出历史的温度。街道两边的房屋

建筑，均为石木结构，屋面上盖青瓦，邻里之间，屋檐紧挨着屋檐，整个集镇就是一个裙带相连的整体。街道两边，街坊在自家屋前临街开窗，配上木制的柜台和柜面，就成了铺面，里面有木制货柜，摆满了烟草、油盐等日常生活所需的百货。站在高处看米贴街，宛若一条游走的龙蛇，蜿蜒伸展，首尾呼应。

记忆中的米贴集镇，比如房屋、街道和铺面，在今天黄华集镇的老街上，还能看见一些历史的遗风。

古树掩映下的米贴，是最早进入永善历史记载的一个村庄。中央政府最早在永善境内设置明确的行政机构——县治，就是米贴。置县之前，永善为彝地，属土司土目辖地，有史记载的有副官村的王土司、桧溪安土司、吞都的德昌土司和米贴

岁月履痕

禄土司。据《永善县志》记载:"清朝雍正五年(1727年),云贵总督鄂尔泰平定乌蒙(今昭通),改属云南,设乌蒙府;六年(1728年)二月又于米贴设一知县、教谕、典史,分驻昭通镇标右营游击,抚驭乌西一带;时值米贴土目禄永孝死,其妻禄氏掌管其地,抗不服调。同年二月初一日,鄂尔泰遣援剿左协副将郭寿域领兵300往谕,初五日抵米贴。禄氏表面归服,暗地谋反,于二月十二日夜半,率四川沙马、黄琅土司和吞都德昌土司、彝目毛脸乌基等聚集1000余人叛,寿域被害,士兵300仅一甘姓幸存,奏报鄂尔泰,鄂尔泰大怒,派大将张耀祖、哈元生、卜万年率大兵分三路进剿平之。"

米贴,神州大地上的一个边地小村庄,因为这场叛乱,却惊动了紫禁城的清朝皇帝。在当时雍正皇帝看来,这个由土司土目引发的乱局,正是中央政府彻底剪除土司势力的天赐良机。所以,当鄂尔泰上奏朝廷请求罢免总督之职,亲自率兵征讨平乱时,雍正批道:"祸兮福所倚,焉知此举非上天赐以永永奠安之恩乎?……经此一番,使顽蠢不敢再肆其狂,而地方文武亦不敢疏忽防范,何幸如之!"于是,一

场大规模的平乱会剿,在金沙江边拉开了序幕。

在一部名叫《血战钢锯岭》的电影中,有一句直抵战争本质的台词:战争的本质就是杀戮。这次由鄂尔泰主导、清朝廷授命的平叛战事,从三月下旬持续到五月初,历经大小战斗十余次,各土司和彝众与清军拼死抵抗,场面十分惨烈。在这场战事中,永善的具体死亡人数在史料中未见记载。鄂尔泰奏报及出自朱批中的统计数字是,参加叛乱的土司头领及其附从者前后临阵杀伤并滚崖投江自杀自尽者万余人,擒获搜获枭首示众及剁去右手者数千人,赏给有功者亦数千人……鄂尔泰主张:"禄酋族姓,务应尽戮;逆目恶党,务应尽除……"雍正朱批:"凡属头目,俱应剪除,断难令一名漏网,即罪不当诛,亦必须迁徙,庶既尽根诛,斯可绝萌孽。"

米贴事息后,云贵总督鄂尔泰奏报朝廷,钦命"永善"。建县城于米贴,并委贵州遵义举人杜思贤为首任知县。杜思贤上任后,

❶ 百年老屋(黄华)
❷ 黄华老街

与游击马秉伦利用禄氏旧址筑城，建有衙署、粮仓、学校、校场、牢狱等。县城呈椭圆形，土石筑就，方圆不足半里，与今乡集镇相比，不及十之其一。杜思贤勤苦执政，竭力理顺和巩固清朝的基层政权，对饱受血雨腥风的黎民苍生甚为怜悯，只身走田野，劝农讲学，抚慰百姓，致力于恢复生产和社会秩序。

然而，好景不长，不到三年时间，米贴县城就在烽火狼烟中变成了废墟。雍正八年（1730 年），以禄鼎坤为首的鲁甸土司率众攻破乌蒙府，滇、川、黔三省接壤处土司、彝民纷纷响应。永善米贴、吞都的彝众自然迎合，并迅速攻破米贴县城。随即，吞都德昌土司土舍木谷四哥等与桧溪彝民，挟怨杀害阿兴土千户安永长及其妻王氏和子女，以及安家佣仆无数，并烧毁安家衙署。当时，虽然有四川游击王谷宰领兵前往救援，但兵单力薄，便频频向总督鄂尔泰告急，同时联结游击李继经、康国泰于十月克取撒水坝等处。紧接着，王谷宰又带领抚提镇标及龙安、普安阜营兵等 1000 余名克取桧溪大关口、小关口及七胜关口，连连进攻克取永善境内的黑铁寨、六合寨等处，获取彝民刀弩枪标及牛马米谷无数。十一月，镇雄参将韩勋授鄂尔泰之命，从大关前往永善进剿。哈元生亦檄黄州副将刘朝贵进剿凉山，约至永善米贴会师。同月，四川游击王谷宰等领兵从井底转战向前，斩首 2000 余人抵达县城。当三路大兵汇

❶ 摩崖石刻（黄华）
❷ 江边纤道（黄华）

清代安氏土司古墓（桧溪）

集于米贴时，县城已是"人去巢空梁已倾"。

米贴本属禄氏土目驻地，处金沙江峡谷，前临金江之险，后倚绝壁之峻，地势狭隘，易攻难守，犯兵家之大忌，设治三年，战事不断，且屡遭匪患。雍正八年（1730年），乌蒙乱定后，知县杜思贤以米贴地势狭隘，距府城险远，请求改迁县治。巡抚张允随奏报获准，并于雍正九年（1731年）迁永善县治于台都（今莲峰），米贴降为汛地，即米提汛。"汛地"作为军事驻防之地，是清军绿营分防驻守的基层单位。到嘉庆时期，永善有米贴汛、吞都汛、桧溪汛、副官汛，共四汛二十四塘。米贴汛所属，有金锁关、务基、那比渡、门楼屯四塘。

历史上，米贴有"扼大小凉山之喉项，极驭险要"的重要军事意义。自建县一直到清朝末年，米贴一直是军事重地

之一,同时也是战事频繁之地。除建县前后清朝廷的两次平乱战事外,后来还发生过多次平定匪患的战事。咸丰九年(1859年)七月,凉山雷波一带的大股土匪过江抢劫边民财物,焚毁房屋,掳走边民无数,永善知县汪元卿率团与之激战于柯郎、米贴等地,击毙土匪数十人,方把土匪击溃;同治六年(1867年),大股土匪过江劫掠务基、米贴、黄坪等地,游击梅洪顺率官兵和地方团练奋力剿杀土匪数百,安抚流离百姓,给金让其回家务农。

在旧志中,有题名为《米贴》的诗:

岩封曾改邑,生聚日纷纷。
烟树开新景,兵戈述旧闻。
沉灰埋劫火,古堞宿残云。
眺首颓垣外,流连吊夕曛。

❶ 米贴新居
❷ 米贴望柱

残存石雕

这首诗中，作者吟咏凭吊的正是清廷平定禄氏之乱等历史往事。那时候，永善本来就地广人稀，两次战争，以及后来不断发生的匪患，造成了人口大量减少。清朝廷通过移民、鼓励农耕、恢复发展生产等措施，疗治战争的创伤，才慢慢有了"生聚日纷纷"和"烟树开新景"的米贴新景象。

今天的米贴，早已看不到曾经作为县府驻地的迹象了，唯一还有点古迹模样的，是伫立在米贴集镇南面约60米处的石望柱。此望柱高约8米，八面体，最大周长约3.7米。据说，望柱建于清朝中期，原本是两棵，左右各一，遥望呼应。如今，另一棵早已下落不明，剩下的一棵，独自守望着远去的岁月和时光。当地政府在对米贴集镇进行重新规划建设时，按照原来的尺寸对望柱进行了复制，将复制的望柱伫立于村委会门前的广场中央。复制的望柱看上去虽然威武雄壮，但总感觉缺少了点什么，可能是岁月的痕迹吧！

吞都古城

夏日的午后，游走吞都古城。

在不经意间，仿佛穿越了时空，置身于一个古色古香的世界。光滑清亮的石板街，见证漫长岁月的旧城墙，街坊门前长满青苔的老水缸，虽然破败却气韵犹存的财神庙……断垣残壁中，依稀可见一度辉煌的古王城，耳边响起马帮穿城而过的铜铃声，"嘚嗒嘚嗒"的马蹄音由远及近，又由近而远，幽远了曾经的繁华和热闹。

吞都，位于金沙江南岸，是溪洛渡镇的一个行政村。这里四周群山逶迤，绵延起伏，层峦叠翠。站在历经沧桑的吞都古城东门外，俯视脚下碧波荡漾、暗潮涌动的金沙江，远眺黄龙滩的"僰人悬棺"，仿佛听见了古战场上的兵刃之声，时光回

到刀光剑影的峥嵘岁月。传说诸葛亮"五月渡泸,深入不毛",平定南夷,曾在吞都安营扎寨,在运筹帷幄中用智慧收复孟获的叛逆之心。一次,孟获率兵来袭川边蜀营,诸葛亮令赵子龙驰援。子龙带兵行到金沙江南岸的石岩山,眼望汹涌澎湃的金沙江阻断前路,子龙大怒,猛拍坐骑,如天马腾空,飞跃过江,在场兵士无不瞠目结舌,奉子龙为神将军,谓子龙坐骑为军中神驹。那如有神助的跃马一跳,在石岩山留下了清晰的马蹄印,后人将此岩称为"马蹄岩",并一直沿用至今。

历史上的吞都,是沿金沙江流域从四川进入云南昭通的必经要道,承载着"上运油米、下运铜䑑"的重要历史使命。乡村公路未修通之前,从佛滩出发,沿着马路村的悬崖边前行,有一条千年古道,经过万丈峡谷——顺河村,即可到达吞都。这条古道便是古丝绸之路和明清时期著名的"铜运古道"。在快到吞都时,有一处"九道拐"的陡坡,全是清一色的石板古道。现在去吞都,已经不需要再走那条险象环生的岩壁古道了,从

县城途经双凤、双屯到达吞都，全是平坦的硬化公路。

吞都古城方圆四里，最早建城时间已无从考证。古城的布局为"二街数巷"，即东西一条街，南北一条街，以姓氏和地理环境命名，街道以青石板铺设。古城内曾有衙门、菜市口等封建王朝的行政机构及处所。城的四面设有东、南、西、北四门，其中东西两门为石砌圆形拱门，南北两门为石刻长方形门，南门是整座城的正门。据传，四门中南门最为奇异，每逢久旱无雨之时，将南门关上，在南门两边拴上两条会"打人"的黄牯牛，焚香祷告后，则立降大雨。

蜀汉晚期，吞都属朱提郡河阳县管理，明朝时属四川马湖府地，清朝时归德昌土司掌控。雍正六年（1728年），云贵总督鄂尔泰为加强中央集权，施行改土归流，德昌土司组织数千人与清军对抗。随后，鄂尔泰同四川提督黄廷桂出兵协同作战，终将德昌土司擒获。从此，德昌土司在吞都的政权土崩瓦解。雍正八年(1730年)八月，以"四川吞都一带地方在金沙江之南，距川省远，且隔大江之因"划归昭通永善县，在此设立吞都汛，史有昭通府吞都汛之称。据《新纂云南通志·地理考·城池》记载，1730年，云南巡抚张允随题请建东川、镇雄、大关、鲁甸、永善（现莲峰镇所在地）、吞都、彝良等城。1731年，知县杜思贤修筑莲峰县城和吞都汛城。当时的吞都城为土城，周长一里三分，高一丈一尺，四门有楼池，内有守备署。乾隆二十六年（1761年），知县游方震请动项重修为石城。城内外有儒、佛、道寺庙，传说有四十八座庙宇。城墙的筑成，为保护城内居民和坛庙

❶ 佛滩记忆
❷ 古城石雕

吞都财神庙

起了重要作用。四川夷匪过江抢劫，本城文生刘昆守吞都汛皇仓（后改建成供销社）阵亡，后赏世袭云骑尉。

据《道光云南志钞·建置志·关哨汛塘》记载：乾隆四十九年（1784年）十一月，永善等县增添改拨塘汛卡房，吞都设汛，上至二龙口，下至副官村（今绥江县）。吞都汛驻防守备把总一员，马兵18名，步兵160名。除门坎山、锅圈滩、大毛滩等塘防步兵共40名外，吞都城实有马、步兵139名。

清朝时期，是吞都古城最为繁荣的时期，城内居住有千余户人家，马帮客商往来云集，穿吞都城后上走昭通、四川的雷波县及西昌，下走绥江、宜宾，直达成都、重庆。

1863年，太平天国后期，太平军将领赖文光（遵王）为攻下吞都，在百羊坪（现在田坝村白杨坪）屯兵布阵。几次攻城未成功后，太平军用一百只羊，每只羊颈上挂一盏灯笼，在天黑时赶着羊跑，并大声呐喊。吞都城内守备清军以为太平军攻城，就将西门守

军调入东门增加兵力,太平军声东击西,已集中兵力绕道从西门攻入,占领吞都城,开仓济民。当地百姓为纪念太平军的这一胜利,捐银为遵王立碑,至今白杨坪留有"遵王之路"的石碑。在白杨坪下的唐家河沟石桥边,还有一块"太平桥"的石碑。

坊间流传,乾隆初年,叙府(今宜宾)一知府夫人身患怪

❶ 老君庙遗址
❷ 吞都古城遗迹

病，遍请名医久治无效。某日偶遇一黄脸白髯道人诊愈。道人别时称："吾乃昭通府吞都汛人也。"后知府携夫人四处寻访恩人，在吞都汛老君庙内，见到太上老君神像与治病道人容貌酷似，于是决意出巨资于吞都修建七七四十九座庙宇，以"完庙"谢仙人。庙宇动工之初，恰遇峨眉僧人云空大师化缘到吞都，一览吞都云蒸霞蔚、秀美如画的山水风光后，认为此地有佛光仙气，合于此地建立"完庙"。知府夫人便托云空大师负责主持建庙。乾隆十九年（1754年），庙宇建设开始动工，到乾隆二十八年（1763年），老君庙、观音阁、禹王宫等共计四十八座庙宇已陆续建成。云空大师因积劳成疾，魂归蓬莱。云空大弟子接任后，不久也追随云空大师而去。因此，吞都群庙并不是"完庙"，故史有"完庙不完，吞都遗憾"之说。

吞都庙群建成后，呈环状分布于吞都古城内外，其建材采用合围粗的古树马桑、红杉雕刻为梁、柱，以坚石精雕细琢成石狮、石

❶ 咸丰年间的功德碑（吞都）
❷ 吞都古城财神庙遗迹

吞都寺庙住持

马、石柱、石墩等，汇集了雕绘艺术之精华。座座庙宇，琉瓦飞檐，金碧辉煌，气势宏伟。

嘉庆十一年（1806年），四川雷波中心场刘氏之女出嫁吞都富户陈氏人家。新婚年许，丈夫早逝。刘女决意不再改嫁，遂立"贞节牌坊"以表其志。"坊"耗资巨大，修建颇为艰辛。在完成石刻、底层构架、形成中上层框架后，却无法以人力将沉重的石刻框架托上顶层，工匠们心急如焚。数日后，一乞丐偶经此地，用竹板边敲边唱："水生木，木生土，筑土筑土，一劳永固。"听到乞丐此语，匠人们茅塞顿开，遂筑土成山，凭高落成框架，"牌坊"得以建成。

牌坊在造型结构上是双排石架，竖看分三层，上层是宝鼎、飞檐；中层是左右牌楼，牌楼有翘檐，楼体用雕刻有各种图案的石条、石块构成，前后正中各刻有"贞节坊"三个遒逸劲健的大字；下层是殿堂，殿堂前后两门前各有一对口含石

吞都老街

球、目露森气、脚踏石座、威风凛凛的石狮；四角是四根刻有游龙的石柱，石柱底嵌入白银。整座牌坊用坚石雕琢而成，游龙飞凤等动物形态栩栩如生，其气势宏伟、壮观，成为滇东北一带少有的建筑艺术精品。雄伟的石牌坊与吞都城内外星罗棋布的庙宇相映生辉，构成了一道美丽的风景。

《永善县志》载："……下至桧溪、团结，清时属吞都古汛管辖。吞都古汛历史长，庙宇古墓建筑颇多，曾繁荣兴旺一时。"由于吞都古时庙宇、墓冢较多，石牌坊久负盛名，加之各种神奇的民间传说，使吞都富于神秘的传奇色彩，吸引了远至四川宜宾、乐山、自贡、凉山，云南昭通，贵州毕节等地的游人、香客，不远千里前来观光、拜佛。一时间，吞都古城庙会不断、游人络绎不绝，地方商贸十分繁荣，吞都也因此盛名远扬。这种繁荣兴旺的景象，一直延续到20世纪60年代。

今天，马帮的铜铃还会在古道上响起，与现代的公路和汽车交通工具互为补充。当吞都古城完成了一个时代的历史使命后，必然会渐渐退出历史的舞台。不过，它在漫长岁月中积淀下来的历史底蕴，时间浸染出来的人文色彩，已深深地扎根于这片土地。

吞都石刻

吞都土碉楼

莲峰古城

暮色四合,一轮幽远清淡的圆月,高高地悬挂在黛青色的五莲峰上。

月色之下,群峰肃穆,树影绰约,四围逶迤绵延的山脉,隐没在苍茫的暮色中。天空高远、深邃,那一片黯淡了光泽的蓝,悄无声息,缓慢地拉下帷幕,仿佛要把五莲峰下的集镇与村庄、犬吠与梦呓、过去与未来,一并覆盖。此时的永善老县城——莲峰,那些透着古色古香的疆域,在清幽的月光之下,显得异常宁静、悠远。

建县之初,莲峰为彝目普伍所居之台都地。清朝乾隆年初,这里作为铜运要道与沿江大道的联姻之地,滇中的银铜和茶叶,通过陆上运输出昭通后,经莲峰运达黄草坪(今黄坪),再由沿江大道和金沙江航运运往四川宜宾,经长江航运一路抵达成都、重庆,最后北上京城。

记忆中,历史上的莲峰老县城,透着青光的石板街,两旁古朴

的木房紧挨着次第排开，街上鳞次栉比的酒家客栈，旗幡招牌迎风招展……五莲峰下这个古老的小镇，有着三百年的沧桑和古意。

《永善县志》记载："雍正九年（1731年）迁县治于莲峰，筑土城墙，无池，方圆二里六分，高一丈二尺，盖瓦，呈四方直角形，四门设有炮楼，东门'日华'、西门'金川'、南门'崇礼'、北门'拱宸'。内设知县署、教谕署、典史署、右营游击署，置咸宁仓、盈宁仓、安丰仓等。"

古时修筑城池，主要以地缘政治和军事防御为重点，商贸集散之功用，大多只是附属而已。莲峰古城，后有五莲峰作为天然屏障，前有金沙江构筑天险，左有云雾山顾盼流眸，右有镜子山遥相呼应。在这里，东南和东西走向属五莲峰山系，与蜿蜒磅礴的乌蒙山脉一脉相承，群山逶迤，绵延千里，却看不出山峰的险恶。向西望去，目光眺过金沙江大峡谷，视线与对岸的大凉山气脉相连，群山之上，云蒸雾腾，气势雄阔。

一座城池，承载着历史的起承转合。同时，也演绎精

❶ 莲峰老街

❷ 房屋壁画（局部）

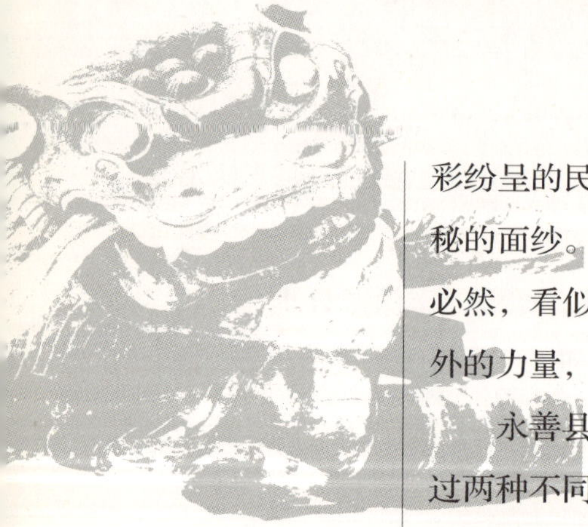

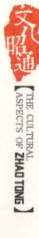

房屋木雕装饰

彩纷呈的民间故事和传奇，虚实之间，为远去的岁月蒙上了一层神秘的面纱。历史上的许多事情，其发生和发展，看似偶然的，实则必然，看似必然的，实则偶然。冥冥之中，一些活跃在人的意志之外的力量，往往影响着历史发展的进程。

永善县城从黄华米贴迁建莲峰之初，在官方和民间，就曾出现过两种不同的意见。双方各持主张，据理力争。一主迁城黄坪，一主迁城柯榔（今莲峰镇万和村）。前者认为，黄坪是京铜营运的入江码头，人烟稠集，商贸繁荣，四方客商往来不绝，适宜建城。后者认为，黄坪地势狭陷，土质松散，地处江坡，根基不稳，而柯榔位置居高，地势平坦，基础稳固，易守难攻，适宜建城。各有各的理由，各有各的道理，官方难决，便请地方绅士出面排解。乡绅知道，迁城这等大事，如不秉持公道，以理服众，必将影响自己的社会地位和乡梓名望。于是，乡绅不持主见，以称土比重之法定夺。用相同体积的泥土称重，哪里的泥土重，说明那里的根基更牢实，就在那里建城。称土的结果，柯榔重于黄坪。于是，决定迁县

莲峰文庙藻井顶

城于柯榔。这个决策，在当时看来，有一定的科学依据。然而，筑城的工匠在柯榔伐木动土建城之时，漫天飞舞的乌鸦，突然云集工地上空，伴着凄厉的叫声，叼起地上的树枝，飞向五莲峰下。官民见此情形，都感征兆不祥，便请道士占卦破解。道士言：乌鸦迁城，坐不安宁，叼在何处，建在何处。按道士言，人们循着乌鸦衔枝的去向，在五莲峰脚下的普五家台地里，树枝已堆积如山。于是，决定建县城于此，以在台地上建城而取名台都，与吞都合称"二都"。

1731年至今，280多个年头，10万多个日日夜夜。如此计算的话，确实是一段漫长的时光，有多少历史的痕迹随着光阴的流转而消失和泯灭！如今，在现代化城镇建设的莲峰集镇，可以依稀寻见一些古城的痕迹。

1951年，永善县城从莲峰迁往井田镇（今溪洛渡镇），作为永善县的政治经济文化中心，莲峰老县城承载基层政权组织功能的时间达220年之久。在这期间，因战事等原因的破坏和功能提升，进行了几次大规模的改建和修整。史料记载："乾隆二十五年（1760年），改筑石城墙。"修建城墙的石头为一色的青石，取自距县城5公里石垭口的一块巨石，建成全部城墙，铺完城内所有的街道，这巨石还没有用完。

乾隆五十六年（1791年），知县邵伦清捐款修建南北城楼。嘉庆十年（1805年），知县吴进堂捐款复修。几经修复建的莲峰古城，进一步完善了军事设施和市政功能，规模更具气势。

莲峰县城因其地理优势，后拥峻岭，前临金沙之险，流峙环复，易守难攻，势固金汤。从设治到1862年的一百多年时间里，虽然周边烽烟四起，战事不断，但莲峰城却居高临下，安然无恙。

史料记载："同治元年（1862年）九月，太平军石达开部分三路入滇，其中一路于十二月由四川宜宾溯江（金沙江）而上进入永善，与清军战于金锁、黑铁、回龙三关，二十七日攻破县城，至次年一月离永善进入昭通。"如今，在莲峰还流传有"文官逃往磨石坳、武官逃往仙鹤山"的掌故，可以想象当时县城溃不成军的样子。传说，石达开部进驻莲峰城后，兵马粮草短缺，便出银子请苗寨的寨主帮助采购乌蒙战马，为入滇充实力量。不料，寨主认为"长毛（太平军）造反"属叛军，不愿帮他们做事，于是拿着太平军给他买马的银子溜掉。太平军在城里驻扎了两个月，石达开的爱妾因饥寒的折磨，病死在莲峰城内。

❶ 文庙
❷ 莲峰老县城

太平军一气之下,离开时一把火烧毁了莲峰老城。相传,石达开的爱妾葬在五莲峰上,随葬的金银财宝不计其数。这对那些喜欢探险和寻宝的人来说,无疑是一种巨大的诱惑。后来的时间里,不少人爬上五莲峰,企图在草莽丛林中发现石达开爱妾随葬的那条金裤子,结果显而易见,当然是无果而终。

民国初年,对莲峰古城再度进行修整,四城门改名为:东"莲峰"、南"迎熏"、西"挹爽"、北"承恩"。

道光十六年(1836年),莲峰城创办了五莲书院,咸丰年间毁于兵火。光绪三十二年(1906年),莲峰城就创办了单级初、高等两级小学,成为莲峰小学的前身。民国初期,劝学所长刘海青破庙建校,开办新学,传授新文化。从此,小学教育逐渐在永善的大地上兴盛起来。老莲峰人记忆中的七十二庙,就是在这个时候开始拆除或损毁的。

现在,在莲峰还能见到的古建筑,就是莲峰小学内那座独守沧桑的城隍

庙,后来改为戏楼,还有残存于镇卫生院一角那对雕工精细的石狮子,以及南门处几经修复的龙王井。

莲峰古戏楼(城隍庙)建于1735年,纯木瓦结构,柱子有成人合围大小,共两层,下层为通道,上层为戏台。戏楼屋顶呈八边形,梯形状,共四圈,每圈由八块木板镶嵌而成,越往顶部的木板越窄越短。整座戏楼建造气势恢宏,用材粗壮,柱、枕、椽、梁、檐、穿斗连接,串联考究,牢固稳靠,结构甚为巧妙。二楼的墙壁和天花板上,有雕刻和壁画,如今已剥离模糊,内容难辨。几年前,戏楼前面还有一排古建筑,叫"抱楼",因改建学校已被拆除,拆下的木材还摆放在校园内。拆除的"抱楼"房梁上有刻字,属1818年重建而成。戏楼经历过几次修复建,如今看上去风雨沧桑,傲然于五莲峰脚下,独自守望着历史的回音。

在莲峰小学内的古戏楼下,沉睡着一块不起眼的碑石,刻有"奉旨文武"四个字。据说,这个石碑以前立在北门处的状元桥旁,告知往来文武百官,途经此处,需勒绳下马,步行过状元桥。

距南门不远处,有一口井,名曰"龙王井"。如今,此井已作

❶ 莲峰文庙正门
❷ 莲峰文庙

五莲奇峰　高原雪景

改建封闭。不过，它还在为莲峰镇的居民提供饮水资源。井旁有两块碑记：一块碑石上书"乾隆四十七年（1782年）修建"；另一块碑石上书"一九八二年第三次改建"。据当地上了年纪的人讲，此井还有一块碑被埋在了井内，上面有关于这口井更早的历史记载。莲峰人至今也搞不清楚，流淌近三百年的龙王井的水源究竟来自哪里。传说，龙王井水来自五莲峰上那个深不可测的黑龙潭，一条龙的龙尾搭在黑龙潭上，龙头正好伸往莲峰城内的龙王井处。龙王井上方曾建有龙王庙，目的是留住龙王，确保水源万古流。这也符合井庙结合的历史传统。当时修建此井时，为了防止敌人下毒或者切断城中水源，故将水渠修为暗渠，一律用青石砌成，深埋地下。为防止龙王井的水渠工事设计外泄，水渠及水井修建完毕后，所有参与修建的工人都被灭口，永绝后患。

　　月淡风轻的夜晚，端坐于那布满岁月之痕的古戏楼前，目光沿着楼角凝目远眺，古戏楼逐渐模糊的棱角，独立于苍茫暮色之中，岁月更替的脚步，慢慢停顿下来。不觉中，耳边隐约响起管弦鼓乐之声，戏楼的舞台上，刀光剑影，人影攒动，恍如梦中。

　　五莲奇峰，万年矗立，肖然不动。
　　百年古城，风云变幻，往事如烟。

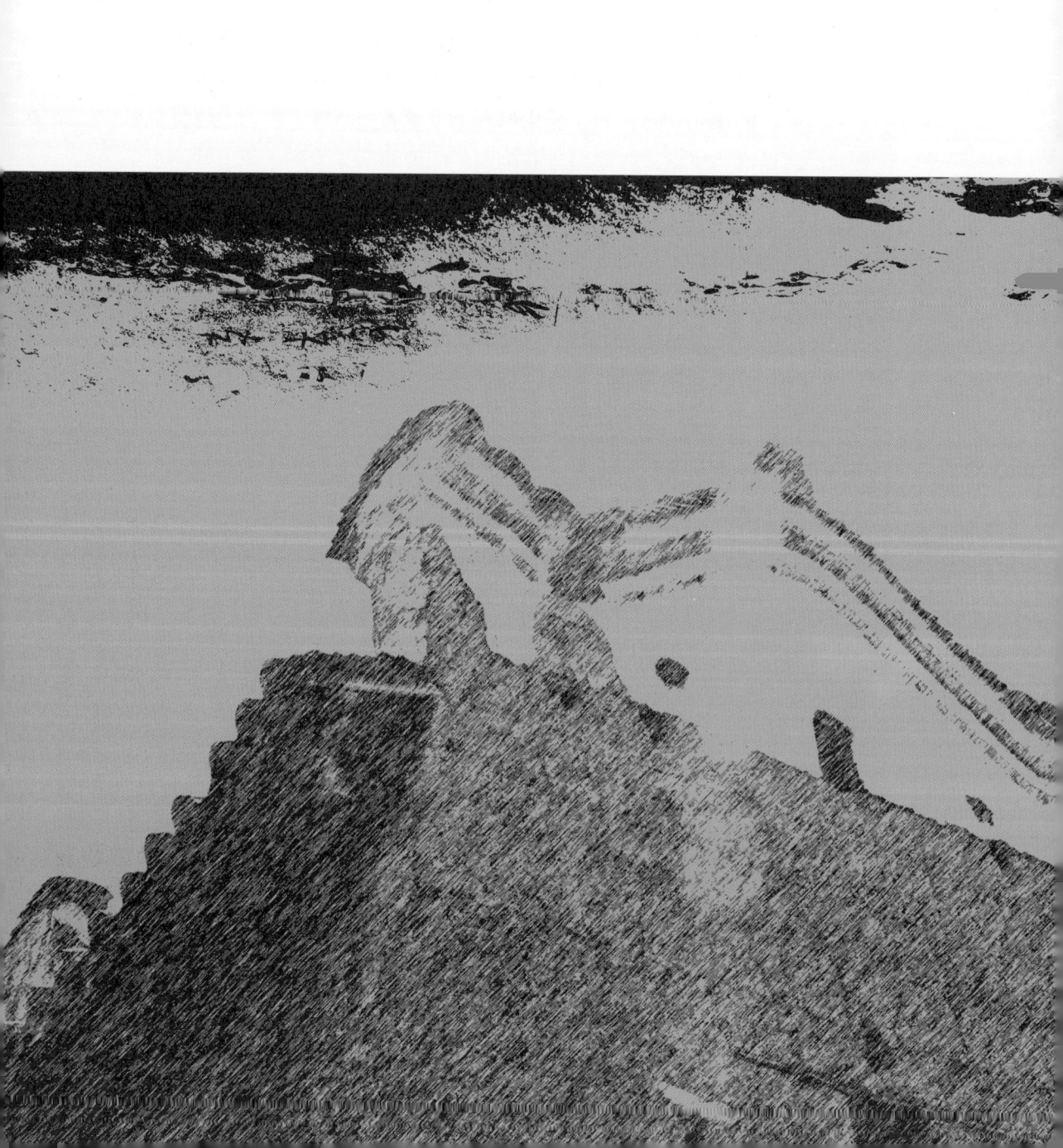

第二章

凝眸经典岁月

　　在岁月的光辉里，凝眸先烈的身影，他们在枪林弹雨中穿行，抛头颅、洒热血，用生命在这方山水中谱写了"云岚嘴七勇士"的英雄壮举，用鲜血在这片大地上镌刻下经典的红色记忆。

　　在历史的长河中，翻阅尘封的书卷，李雁宾、曾泽生、蒋永尊、胡仁惠等一大批仁人志士走出这片土地，勇立时代潮头，为了民族独立、人民解放，在暗夜里点亮理想和信仰的灯盏，为这片土地增光添彩；在文明的进程中，回望苍茫来路，孙谦、邓子琴、胡剑琴等文化名家一路艰辛跋涉，用思想的火花燃尽行路的荆棘，将文明的光芒洒向这片大地。

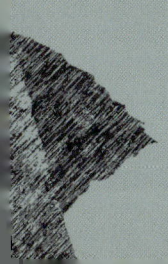

红色故事：点燃风雨如歌的记忆

> 1946年12月，云南省工委委托蒋永尊，派共产党员胡仁惠转永善开展党的工作，建立了永善第一个党支部。地下党小组在永善的秘密活动，开启了红色思想在永善大地的传播，在永善播下了红色种子。永善人民在中国共产党的领导下，开展了轰轰烈烈的剿匪战斗，革命先烈和仁人志士们用自己的热血和生命铺开人民群众迈向自由、发展的道路，取得了永善全面解放的胜利。

撒播红色的种子

夜幕降临，华灯初上。

金沙江畔的永善县城，热闹的工农广场。随着欢快的音乐响起，广场舞开始炫动这座小城的业余文化生活。工农广场，是今天永善的地标，但凡大型演出，誓师、表彰大会、公益活动都会在这里举行。可以这样说，如今的工农广场，它不仅仅是一个广场，而是群众参与政治、经济、文化的一个平台和载体，和人民群众的生活息息相关。同时，它也蕴藏着永善人恒久的红色记忆。当你踩着音乐的节拍，秀出优美的舞姿，抑或是漫步休闲，观看表演时，一定能用心灵触摸到，你正在用双脚轻吻着的每一寸土地，都写满红色经典，蕴含着火一样的底色。

1946年12月，中共党员胡仁惠带着上级的指示，怀揣革命火种，只身一人来到位于今天工农广场位置的永绥联中任教导主任。以教学的身份为掩护开展革命活动。不久，组织又派了一位"教书先生"孔繁林到永绥联中任教。那时的永绥联中，是一栋三层的土

❶ 中共永善支部（永绥联中党支部）遗址（现永善县城工农广场）

❷ 中共永善支部青杠活动地（原谭明辉家住地）

木小楼，斑驳而陈旧，教学条件极为简陋。而当时，谁也没有想到这栋破旧的小楼里，蕴藏的红色光芒，将照亮无数人光明的未来。在这里，胡、孔二人利用课堂和课余时间传播革命道理，对学生进行红色革命的教育，发展壮大中共党的组织，撒播红色的种子。一缕红色火焰，静静地，在白墙青瓦间悄无声息地燃烧、蔓延开来。

　　1947年7月，永善第一个中共党支部在永绥联中宣告成立。当然，那时候是党的地下工作，支部不可能挂牌，更没有办公室，也许宣布成立是在某一个学生家开展家访或者是在郊外某个偏僻的角落，没有主席台，没有会标，更没有话筒，甚至几个年轻人共同一个大瓷杯喝水，一切都删繁就简，只剩理想和信念。召集人用沉稳、刚健的声音念完文件，党支部就成立了，一股无形的力量把同志们凝聚在一起。随后，党支部发展壮大党员队伍，开展革命工作，领导武装斗争，剿灭匪患，

由此翻开了永善历史崭新的一页。

斗转星移，历经七十载风雨，从当年的第一个中共党支部启程，迈步到今天，全县已有基层党组织868个，有党员16000多人。当初的那一粒红色种子，在这里生根发芽，茁壮成长，已经茂盛成了坚不可摧的参天大树，根须深入47万人心中，绿叶铺满2789平方公里的沃土。

漫步在工农广场上，用心触摸那一段红色经典岁月，遥想1951年3月县城由莲峰迁至此，这里成为全县政治经济文化中心。而工农广场，又成为整个县城的中心，这一定不是巧合，而是历史回音与时代步伐的遥相呼应。

武装斗争第一枪

1949年11月2日清晨，一声清脆的枪响，拉开了解放永善的大幕。这一声改天换地的枪声，在四面环山的江边小镇桧溪响起，给古镇桧溪的历史又添一抹绚丽的色彩。

桧溪，因为地形四面高中间低，又傍金沙江而居，在明朝万历年间名为"窝心里"。尽管这个称呼名副其实，但是听起来总有点别扭，给人一种一股气憋在心里吐不出来的感觉。因此，到了明末清初又更名为"兴隆场"。那时，这个位于滇川水陆交通要道上的江边小镇，商贾云集，市场繁荣，是滇川商品流通、文化交融的重要集散地。随着小镇的繁荣和兴盛，"兴隆场"这个名字也变得市侩起来，而且还带有些许"铜臭"味。到了清康熙年间，更名为诗情画意的"桧溪"。清澈明净、缓缓流淌的溪水边，长满四季常青的桧树，在临水而居的环境里生活、劳作，确实既文化，又诗意。

曾经多次到过桧溪，尽管没有见到乾隆年间的桧树，但却为这个地形叫绝，更为当初选择在这里建镇的人的雄才大略所折服。桧溪，也许最初它不是镇，可能叫什么街，也可能叫什么巷子，甚至

永善老县城工农广场（局部）

❶ 桧溪战斗主战场（桧溪街旧貌）
❷ "四团"成立地万寿宫（现永善一中老校区）

叫什么码头，总之不管它叫什么，缔造它的人一定是军事上智慧过人的人。因为这个四面环山的集镇，北面有向阳的陡坡和茂密的大森林作为天然屏障，只要在东面的关口驿道、南面的将军岩山道、西面的头道岩五尺栈道上设卡，桧溪就成了铜墙铁壁。不仅陆路艰险，奔腾的金沙江也暗礁密布，分布着十八险滩，在桧溪境内就有著名的大汉漕滩。纵使精兵强将，亦难以逾越。

在桧溪，寻访当年剿匪战斗遗址的过程中，面对四面群山和如今已水涨船高、碧波荡漾的金沙江，有一个问题总会萦绕心间：如果当年先辈们不将这么一个小镇置身于这样一个险山峡谷间，那么，永善武装斗争的第一枪会在哪里打响？在永善境内，还有哪里像桧溪这样既有金沙江天险，又有四面高山绝壁的屏障？更重要的是，还有哪里像当年的桧溪那样既处于国民党管控的边缘地带，又位于盐津、大关、绥江交界处，且四县交界处都是便于游击队活动的峡谷峭壁和深山密林？答案是：没有。当然，历史不能假设。只能说，这一切都是天意。苟延残喘的国民党后期政权在永善的统治已经腐如朽木，只差一只巨手轻轻一推，就会轰然倒塌。而时代的洪流，在桧溪这个天时地利人和的小镇，催生了这只巨手。

走进桧溪中心校这个革命的摇篮，鲜红的教学楼映入眼帘，一下子就会把人们的记忆拉进那个激情似火的年代。1947年7月，永善第一个党支部成立以后，桧溪是第一个建立党小组的乡镇。1948年至1949年间，胡仁惠、孔繁林等先后到桧溪开展中共党组织的地下工作。当年，他们借设在文昌宫里的桧溪小学教书的身份，一边传播新思想、新文化，一边开展革命工作。1949年春，地下党在桧溪及全县发展的农翻会员和民青会员队伍已经不断壮大，以什么名义将这股潜藏的激流凝聚和呈现出来？党组织经过周密策划，向盘踞在黄华的龙奎垣借番号，龙同意用他的武装番号，建立"西南人民革命军第

① 蒋永彬（永善地下党武装力量创始人之一）

② 关口战斗主战场（桧溪镇强胜村马草湾）

三纵队第四团"，委任蒋永彬为团长。这支表面上是龙属下部队的"四团"，其实是一支地下党领导的革命武装力量。"四团"成立以后，开始名正言顺地开展训练，招募队员，一股强大的革命力量蓄势待发。1949年11月2日清晨，霞光穿透云层，给阴云笼罩的桧溪洒下一缕金光，期待已久的时刻终于来临了。"四团"一、三营的两百多名战士将桧溪围得水泄不通，游击队员蒋永吉以伪保长的身份，进入桧溪街上"李老哥子"烟馆，找到此刻正在吞云吐雾的伪镇长，枪口对准他的头颅，扣动了扳机……

"四团"为民除害，剿灭了伪镇长，推翻国民党在桧溪的伪政权，群众拍手称快，壮了军威，长了斗志，顺应了民意。同时，既得利益受到撼动的国民党残余势力贼心不死，不甘失败。当月，国民党中央军二三三师的一路部队，纠结绥江、大关个别地霸，由绥江进入永善，企图围剿我游击队。六日，二三三师到达桧溪关口，"四团"三营在这里与敌军展开了一场激烈的战斗。

关口，地处桧溪集镇东侧约三公里，雄关险隘，风景秀丽。大同溪从原始森林二十四岗奔泻而出，沿茶马古道流经大同古镇来到关口，与细沙凉水溪汇聚，注入清澈见底的桧溪小河，一路低吟浅唱，奔向金沙江。关口三面绝壁，均是一两百米高的悬崖峭壁。当

关口险隘（桧溪）

年，只有靠桧溪一侧的岩壁上，有一条小路可通行。在这里，凝望三面岩壁相互对峙，不怒自威，给人泰山压顶的阵势。在两条溪流交融的三角区域，有一座奇特的山，称为龙头山。站在龙头山的对面，可以看到黑乎乎的岩洞貌似"龙嘴"，长满灌木杂草的岩石形似"龙须"，"龙身"一直蜿蜒到远方。据传，很多年前，一个雷电交加、狂风暴雨的夜晚，这条"龙"裹挟着洪水、泥沙，从大山深处气势汹汹而来，准备走出桧溪，沿金沙江去东海龙宫和老龙王团聚。眼看沿途的生灵险遭大难，对面吊钟山上一块巨石滚下来，正好砸在"吊钟"上，一声巨响，"龙"被镇住了，成了"困山龙"。当地村民说，这龙野心太大，又要以牺牲沿途生灵的代价铺就自己的成功之路，因此苍天不允，所以它只得困在这里，成为动弹不得的山石。而当年顺着大同溪来势汹汹朝桧溪奔来的国民党军，也是多行不义，终将走向毁灭，悬挂在历史浪潮上的"吊钟"，也为之敲响。国民党二三三师部队到达关口，"四团"三营的战士在关口小路上与敌人展开了激战。子弹在岩石上火花四溅，枪炮声在绝壁间响成一片。在三营战士的猛力攻击下，击毙国民党军二人。国民党军被"卡"在悬崖上进退不得，只好撤出一部分兵力，沿来路迂回强胜而下，企图包围三营。三营见敌众我寡，恐被包"饺子"，加之对方武器装备精良，实力悬殊，果断撤出战斗。

而今的关口，依然是雄关险隘。只不过，当年三营战士奋勇抗敌的战场，已成斩通天堑的国道213线。我们来这里寻访战斗遗址时，国道213改建工程正如火如荼地进行，轰鸣的机器声穿越时空，与六十多年前三营战士阻击敌人的枪声，一同回响在悬崖峭壁间，铺就的是一条通往幸福的康庄大道。

国民党二三三师进入永善后，"四团"为了保存实力，化整为零分散行动。11月30日，二三三师转到桧溪木枯，围剿在此活动的地下党武装——"四团"三营小分队。这是一场十

❶ 校场坝（当年蒋永禄被害地，如今的桧溪老街的繁华地段）

❷ 木枯战斗主战场旧址（现得胜村"两委"驻地）

分激烈的战斗，凶残的国民党军烧毁了小分队活动的房屋，将战士们包围在木枯"蒋氏碉楼"内，游击队员蒋永禄和徐信才与敌人浴血奋战，毙敌二人，打伤多人。敌人疯狂进攻，仍然攻克不下，便抓来一位常在蒋家"进出"的年轻人，逼着他找来竹竿搭起长梯，然后掀开房顶，将手榴弹投向小分队。蒋永禄、徐信才不幸受伤，因寡不敌众被俘，后被带到桧溪街上残忍地杀害。

当年的桧溪老街校场坝，这片曾经被鲜血染红的土地，已然成为老街最繁华的商业地段，店铺林立，人群川流，一派繁荣景象。驻足在这里，透过今天的和谐与宁静，我们似乎看到，简易的灯杆下，面对国民党军的刺刀和折磨，被五花大绑的蒋永禄自始至终一言不发，直到被刺刀一刀刀慢慢捅杀，献出年轻的生命，表现出了革命战士的高尚气节。我们可以设想，当时敌人慢慢地折磨蒋永禄，也许开出了许多不杀的条件。比如，交代出同志不杀，交代出上级受奖，交代出上级的上级还可以"封官"。但是，蒋永禄坚定革命意志不动摇，直至生命的最后一刻。得胜木枯年近八旬的张廷方老人回忆说，蒋永禄牺牲后，乡亲们将他抬回木枯安葬，身上的衣服全被鲜血浸透，满身的刀口，让一个七尺男儿体无完肤。可想而知，敌人的手段是何等残忍。而另一位战士徐信才，则被枪杀在河沙坝的乱石堆里。他年迈的母亲在乱石中找到已经牺牲的儿子时，心如刀绞，声泪俱下，含泪背着儿子一步一步向山上的家迈进，乡亲们在半路接到时，其母泪已流干……可以想象，一个头发花白的老人，背着儿子的遗体在冬天光秃秃的山坡上爬行，寒风吹得白发与泪水一起飞舞，那是怎样的悲壮，国民党反动派残余势力的罪恶是何等的深重。乡亲们含泪将两位烈士安葬在他们曾经浴血奋战的木枯，以告慰英灵。

盛夏6月，行走在得胜木枯，寻访当年的战斗遗址。这是一个"座椅形"的秀美村庄，雄浑的苍山托起一大片绿油油的梯田，两侧是奔涌的峡谷溪流，梯田最前面往下的陡坡，一直延伸到金沙江边。民房依山而建，像一行行诗句写在绿荫下。当年，国民党

❶ 永善游击队成立地

❷ 中共桧溪小组活动遗址（桧溪小学内）

二三三师部队就从金沙江边的小毛滩沿小路从陡坡爬上来，到达村口的大黄葛树下，兵分两路包抄了游击小分队。站在黄葛树下，追忆这段烽烟历史，江风从峡谷涌上来，沙沙作响的黄葛树叶，仿佛是对国民党二三三师当年犯下的罪行的血泪控诉，也为两位壮烈牺牲的烈士哀泣。举目远眺，木枯身后群山苍翠，如烈士精神一般巍然挺立；低头俯视，梯田一片嫩绿，微风拂着碧浪迎面扑来，一股浩然正气直入心底。而今，两位烈士曾经英勇抗敌的"蒋氏碉楼"已经隐进历史烟云，遗址上取而代之的是崭新的村委会办公楼。也许，这是历史最好的契合，当年烈士在这里奋起抗敌，只为推翻旧政权，争取人民独立自由。中华人民共和国成立后，人们当家做主，村"两委"发扬烈士精神，带领全村人民战天斗地，战胜饥饿，抗击贫困，改善生存环境，建设美丽乡村，一步步向小康社会迈进。这是一个没有硝烟的战场，从一个胜利走向另一个胜利，也要流汗流血，才能换取今天所拥有的幸福生活。也唯有如此，方能告慰为这片土地付出生命的革命先烈。

当年，国民党二三三师不仅屠杀了蒋永禄和徐信才，还将"四团"侦察员冯裕鳞抓捕带到四川宜宾柏树溪活埋。国民党军惨无人道的杀戮，并没有吓倒共产党人和革命战士，游击队在"四团"的基础上不断成长壮大。1949年12月27日，"四团"干部战士二百余人带着武器在马楠集结，宣布不再使用"四团"番号，正式成立了永善游

 ❶

 ❷

击队,并随即开赴大关。30日,抵达大关县高桥乡七姑河。当日,接上级指示,游击队正式改编为中国人民解放军滇桂黔边区纵队第六支队"永绥大边游击队"。

滇桂黔边区纵队第六支队,又称"永焜"支队,是取蒋永尊(永善籍)、傅发焜两位烈士姓名中的一字命名,意为"革命火炬永不熄灭"。1949年1月,这支以烈士名字命名的部队在宣威成立后,作战勇猛,势如破竹,迅速创建了滇东北革命根据地。1949年8月,"永焜"支队与宣威支队、沾益支队,正式改编为中国人民解放军滇桂黔边区纵队第六支队。永绥大边游击队有了正式编制后,更加锐不可当,在解放大关、盐津以及四川筠连等县的战斗中做出了巨大贡献。1950年5月,部队从筠连转回盐津,不久,开赴绥江,改编为绥江县公安中队。至此,永绥大边游击队完成了党赋予的光荣使命。游击队虽然改编成了绥江公安中队,但这支源于永善,并在桧溪打响武装斗争第一枪的队伍,在人民的解放事业中取得的战绩,将永远载入史册,留在滇东北和川南人民的心中。那些为革命献出宝贵生命的战士,他们的精神豪迈似奔流金江,巍峨如磅礴乌蒙,永远滋润着我们脚下这片生机勃勃的大地,激励着我们一如既往,不忘初心,砥砺前行。

抚今追昔,峡谷里的第一缕枪声,已经响过了六十八个春秋。今天的桧溪,溪洛渡电站二专线、国道213线、南(岸)佛(滩)公路以及

永善游击队集中地(马楠乡老马楠寨子)

大兴烈士陵园

向家坝水库，将曾经险山恶水的大峡谷，融汇成了四通八达的湖滨小镇。站在金沙江左岸远眺桧溪，跨江大桥雄壮气派，青山连着碧水，碧水绕着老街，老街连着新区，青山苍翠，碧水轻柔，老街古朴，新区亮丽，一幅灵动的山水画铺展在金沙江大峡谷。这个曾经写满红色故事的江边小镇，如今已成一颗熠熠生辉的璀璨明珠，闪耀在金沙江畔。

碉楼里的殊死决战

碉楼，矗立在金沙江峡谷一带，是金沙江历史文化的胎记。

低矮的民房院落，突然高耸出一座碉楼，与不远处的另一座碉楼相互凝望，默默对视，有时候，还会是对抗与激战。这是从清代起，至20世纪70年代前永善金沙江边一道别致的风景。碉楼的作用虽然主要是居住兼做防御，但在风雨如磐的年代，它不是安居乐业的舒适住所，而是隐藏着烽火狼烟的"战壕"。当年的大兴剿匪战斗，解放军就是依靠四座

见证历史的碉楼

❶ 土碉楼（大兴）

❷ 大兴战斗遗址（魏家碉、冯家碉）

碉楼与土匪决一死战，消灭了土匪，解放了大兴。

大兴，原名大井坝。史载，明末清初，在今天的老街，曾经打过七口盐井，出过井盐。后来被当地人以所谓的"挖开南方井，饿死北边人"为由告到叙永府，府尹公断，令封盐井，改井为田。因其地处平坝，故名大井坝。清初，以大井坝集市贸易兴隆，得名"大兴"。

今天的大兴老街，已被时代挤成了一条狭长幽静的巷子，镶嵌在整个大兴集镇的边缘，依旧是热闹繁华的新街搏动的脉管，而处于整个大兴集镇最高位置的老街，更像是一位慈母，永远凝视着新街远行的方向。走进老街，两旁是一栋栋被岁月的烟火熏得漆黑发亮的老式木板房，这些历经百余年沧桑的建筑，饱受风雨洗礼依旧巍然而立，默默地记录着时光在这里留下的记忆。木板房内，石磨豆花、酸菜红豆汤、连渣捞、面面饭，在红红的炉火上热气腾腾，香气溢满窄窄的巷子，让行人难以挪动脚步。在老街上行走，只能轻轻漫步，因为，你踏着的每一块被时间舔得光滑如玉的石板下，可能都是明末清初的盐井，如果不小心踩破了石块，白花花的井盐从这里冒出来，"北边人"就要挨饿。沿着锃亮的青石板，向深处行走，像是在阅读一部镌刻时光的典籍，缓缓翻开老街泛黄的记忆，我们可以清晰地看到，1950年6月，是老街这卷史书中最不寻常的一页。

1950年5月之前，大兴还是另一片天地。彼时，大兴的地霸与金沙江对岸金阳县的土匪相互勾结串联，在大兴境内委任官吏、私设公堂、强征税款、欺压盘剥百姓，人民苦不堪言。国民党政府软弱涣散，只得听之任之，从某种意义上来讲，大兴已俨然成为土匪和地霸的"独立王国"。1950年4月，崇大新（崇德、大井坝、新民）工作队进入大兴，开展征粮工作，宣传落实党的方针政策。地霸们的既得利益受到巨大的撼动，不甘心拱手相让盘剥来的财富和手中的利益，一次暴乱暗

流涌动，一场决战在所难免。

6月4日早晨，江对岸的匪首带领六百匪众渡江，将驻守在甘田渡口的解放军包围在土碉内。与此同时，大兴街背后磨子岩的匪首邀约匪众八十余人推进到回龙村。解放军六连在回龙村与土匪激战，终因地势不利而撤退。解放军和区委工作人员处于前后受夹击和被包抄的危险境地，只得分散撤入位于今天老街的桑家碉、冯家碉，以及区政府所在地魏家碉固守，待时机成熟时发起攻击。

这一天，最值得铭记的是金沙工作组，他们在得知大兴被土匪围困后，迅速赶往增援，在河口被六十余名土匪包围袭击，六名工作队员与超自己十倍的土匪浴血奋战，从下午一直激战到天黑，三名队员壮烈牺牲，队长带领另二名队员在弹尽时，连夜摸黑向当时的县城所在地莲峰撤退，报告敌情，使援兵6日早晨便赶到了大井坝……

在民政所的同志带领下，我们曾经到当年工作队员与土匪激战的河口战斗遗址凭吊。战场位于两山对峙、一条河流穿行的谷底。两岸山峰高耸入云，流水飞奔向前，山风吹来，仿佛摇晃的两山就要靠拢。显而易见，这里是易守难攻的要地。顶着烈日，我们来到几块大石头前，民政所的同志告诉我们，当年，工作队员就被围困在大石头间，与敌人殊死拼杀，终得以撤退请来援兵。如今，大石头上的鲜血已经渗进石头的内核，枪声和厮杀声犹在耳畔，响彻山谷。仰望山峰，洁白的云朵绕过山顶，当年队员撤退的小路也被杂草淹没，仿佛看见他们受伤后疼痛难忍的身影，迈着艰难却稳健的步伐，一步步向着胜利的山峰攀登。俯首大地，河边的玉米正在茁壮，核桃树上挂满嫩绿的果子，砂仁开出一串串珍珠似的花儿。"为什么大地春常在，英雄的生命开鲜花。"是啊，没有英雄的鲜血滋养，大地怎能如此秀美如画。

5日，盘踞大兴的土匪继续攻击各碉楼，重点是区政府所在地魏家碉，均被我方击退。在土匪数次猛烈的攻击下，我方处境不妙。激战中，碉楼里的水缸被打破，没有饮水，无法做饭，战士们又累又渴又饿，靠大兴的一种土特产充饥，这种土特产，就是而今名扬四方的大兴红糖。有一种成熟后血红的野果子，被称为"救兵粮"，而大兴的红糖，在危急时刻成了名副其实的"救兵糖"。今天，我们在品尝甘醇的大兴红糖时，不仅是在红得似火一样浓烈的糖块里，品味和平年代的甜蜜生活，更是用心回味那一段燃情岁月的红色经典。

在处境更加险恶的情况下，区委的同志们和教导员决定，次日早上全面发起总攻，击退土匪。6日拂晓，预备号吹响，各碉楼进入冲锋准备，与此同时，从莲峰赶来的曹瑜英参谋长击退路遇的土匪后赶到大兴的回龙村，占领制高点，吹号联络，指挥战斗。四个碉楼同时开门发起冲锋，与曹参谋长的援兵一起夹击土匪，炸沉逃匪船只，击毙了匪首。

如今，大兴的老街上，作为当年主战场的碉楼已不复存在。从一户李姓人家的客厅穿到后院，就是当年解放军与土匪激战的桑家碉遗址。可惜的是，因为建设的需要，斑驳的碉楼只剩一堵厚厚的土墙，墙上的两个瞭望孔，像时光的两只眼睛，默默地注视着这片土地的沧桑与巨变。而距此不远的另外几座碉楼，已经被新的建筑取代，难觅踪迹。这堵墙作为这场战斗唯一存留的见证，墙面已经被时光的雨水冲刷出无数沟壑，像一位饱经风霜而今已颤颤巍巍的老人，默立在风雨中，坚韧地珍藏着那段烽火岁月的记忆。

当年被土匪首先包围的甘田渡口碉楼，而今已没入碧波万顷的溪洛渡电站水库。战斗结束多年以后，我们乘坐快艇到曾经的甘田渡口，快艇飞速划过宽阔平静的水面，放眼岸边，解放军与土匪激战过的干田渡口及江边碉楼、大井坝渡口均已沉入水底，淹没在滔滔的历史洪流中，而解放军及工作队员的战

❶ 李建政、王精治牺牲地（大兴镇河口村）
❷ 河口姚家碉楼（大兴）

金沙江畔的碉楼

斗精神，永远不会被流水带走。相反，它如同金沙江里的金子一样，被剥开一层层泥沙以后，越来越闪耀着照亮人心的光芒。

大兴烈士陵园里，枝繁叶茂的黄葛树下，在这场战斗中牺牲的七位烈士长眠于此，守望着这片他们为之献出生命的土地。陵园工作人员向我们展示了两件宝贝，一件是一位烈士的《革命军人证明书》，已经保存六十多年的证明书被反复折叠后已经泛黄破损，边缘如锯齿状。据说当初这位外省籍烈士的家属凭这张证明书辗转多地在这里找到了这位烈士，激动得泪如雨下。多少年了，他们终于找到了自己的亲人。见到亲人的那一刻，多年累积的思念只能用泪水来倾诉。另一件宝贝类似书信，讲述一个河南人来到大兴出差，在烈士陵园里见到了自己的老乡，激动万分，叩首鞠躬。陵园保存的这两件宝贝，不管是书信还是证明书，都承载着烈士家人、亲友以及万千百姓对他们的缅怀和敬仰。

"为有牺牲多壮志，敢教日月换新天。"回望烈士陵园，大门两侧行书的毛泽东著名诗句，让人崇拜之情油然而生。是啊，正是因为有这么多敢为自己理想而去牺牲的人奉献了自己宝贵的生命，才使得我们脚下的这片厚土改天换地，旧貌换了新颜。

如今的大兴，老街与新区交相辉映，城镇与农村相互融合，市政功能完善，设施齐备，特别是新区宽阔亮丽的永兴大道、文化大道、滨江大道和人民路、幸福路、吉祥路、安康路等街道，其诗意的命名饱含着人民对美好生活的向往和追求，展现出湖滨小镇的文化底蕴和发展潜力。而我们永远不会忘记的是，这一切，都是踏着先烈鲜血染红的土地而一路走来的。

热血染红的花椒坪

河口战斗遗址

花椒坪，位于永善县黄华镇任坝村熊家坪村民小组。这个悬挂在大山腰间，只有十多户人家的村落，如果没有那次惨烈的战斗，也许这个地方听起来只是和一种香料作物花椒有关的地名。村民回忆说，这里曾经有一棵花椒树，每年可产二十多斤干花椒。我们没有见到过这棵已经"作古"的花椒树，纵然有，它也只是让这个地名更加名副其实，这个村子依然只能湮没在千千万万名不见经传的村庄里。而当一滴滴火焰一样的鲜血浸入这片土地的时候，她闪耀出的红色光芒，便照亮了大山、照亮了天空、照亮乡亲们摆脱被压榨和剥削的寒夜，迎来艳阳高照的春天的时候，花椒坪，从此便名垂千古。

1950年9月12日，完成作战任务后的一二九团四连二排在团参谋长曹瑜英的率领下，计划当晚夜宿江边小镇黄坪，第二天继续向驻县城所在地莲峰的团部进发。就在抵达黄坪的当日下午，有群众报告说，有土匪十余人在花椒坪抢劫。于是，一个班的战士迅速从金沙江边向大山上的花椒坪急行军。多年以后，我们在黄坪渡口下船，沿着当年解放军进发的路线前往花椒坪采访，此时的黄坪已经被烟波浩渺的溪洛渡水库淹没，水位高涨，我们行走的路线也就短了很多。尽管如此，还是没能战胜一路向上的陡坡、山石、刺人的花椒树和暴晒的烈日，只好中途搭便车前往。当年解放军可是一路急速步行十多里才到达目的地，而且他们身上还背负武器弹药。战士们到达花椒坪后，随即投入战斗，狡猾的土匪蜷缩进民宅和碉楼，拼死抵抗，攻打一夜，未取得明显进展。在得知匪首也在这群土匪之中后，第二天上午，曹参谋长率部队赶到花椒坪，采取火攻方式，烧掉草房，趁着土匪向碉楼转移的时候发起猛烈攻击，击毙土匪七人。其余土匪全部转入碉楼，凭借有力屏障负隅顽抗，解放军没有带重武器，攻击难以奏效，战斗一时陷入僵局。此时,解放军伤亡已很惨重。为了避免更大牺牲,曹参谋长布置好火力掩护后,带领焦沛然参谋上前喊话劝降,碉内的土匪听到劝降声后,答应投降,解放军停止了火力射击。就在此刻,解放军身后山上一阵滚石飞来,焦参谋迅速掩护曹参谋长,但一块飞石不幸击中曹参谋长头部。这时,碉楼里的土匪突然火力射击,曹参谋长和焦参谋倒在了血泊中。战士们被奸诈的土匪激怒了,向土匪发起猛攻,激战中又有两名战士牺牲。战斗持续到天黑,土匪趁着夜色和暴雨逃跑了。

当天晚上,大地无眠,苍天垂泪,雨下了整整一夜,石头哭了,碉楼哭了,大山哭了!九名烈士的鲜血,在花椒坪的土地上铺展开来,像一面火红的战旗,点亮了村庄冰冷的夜晚。枝头上的花椒,几乎在一夜之间变成了红色。乡亲们说,那是烈士们的鲜血染红的,每一粒花椒里,都浸透着烈士们生命的底色。就像乡亲们的日子一样,花椒每年都会越来越红,已经红过了六十多个秋天,乡亲们也一代代铭记下了那个壮烈的风雨夜。

站在熊家坪山岭上,俯瞰花椒坪全貌,虽然地名里有"坪",其实此处是一个陡坡,十几户人家住在凹槽形的大山中间,左右是山梁,往上就是巍峨的红石岩,往下几公里没有住户。土匪当年选择在这里抢劫,可谓机关算尽。那时候不仅住户较少,通信也极为不便,周围没有更多的人家,喊天天不应,叫地地不灵。当年的那场战斗,对于解放军来说,也有很多不利因素,解放军是外省籍的,不熟悉地形地貌;爬坡急行军后随即投入战斗,疲劳作战;没有时间构筑防御工事,仅凭民房的围墙作为掩体与土匪激战;也许最关键的是遇到了强敌,据传匪首枪法奇准,解放军在剿灭此人的过程中付出了沉重代价。而土匪,占据了很多优势,他们对地形了如指掌,所以才有土匪在花椒坪后的红石岩上布下滚石阵,和被攻击后夜晚摸黑逃走,最重要的是土匪占据了坚固的防御工事——碉楼,既可以抵御,又居高临下,掌握战情。虽然优势在于土匪,尽管解放军处于劣势,但战机转瞬即逝,不

花椒坪战斗遗址
（全貌）

可能看着土匪从眼皮下逃走，然后继续烧杀抢掠，祸害百姓。于是，一场恶战就此展开，战士们用热血和生命，写下了血染花椒坪的壮举。这就是为了人民，不怕困难，不畏艰险，敢于牺牲的人民解放军，他们用鲜血和生命，将人民解放军为了理想和信念敢于牺牲的精神诠释得淋漓尽致。正因为有了这种精神，我们这支来自老百姓、基础相对薄弱、武器甚为简陋的人民军队，才能打败训练有素、装备精良的国民党军队，才能让队伍庞大的蒋家王朝土崩瓦解，才能将横行乡里、祸害百姓的地霸土匪一网打尽、斩草除根。

史料记载，花椒坪战斗击毙土匪七人，而解放军牺牲了九人，可谓付出了惨重的代价。牺牲的九位烈士中，有四位干部，五位战士，几乎全是外省人，他们中有的曾在战淮海、渡长江中立下战功。参谋长曹瑜英，是解放军在永善剿匪战斗中牺牲的最高级别的干部，陕西礼泉县人，曾经创造过七战七捷的战绩，在上党、平汉、豫北等战役中屡建功劳。曹参谋长牺牲后，安葬在莲峰烈士陵园，陵墓背靠巍峨雄壮的五莲峰，面朝激情澎湃的金沙江，也只有这样壮丽的大山大

长眠于五莲峰下的曹瑜瑛烈士

水,才能让烈士的英灵安息。

在花椒坪牺牲的战士们,他们曾胜利穿越了大风大浪中的枪林弹雨,却倒在了大山上几个土匪的枪口下,长眠在异乡的山岭上,再也无法踏上回家的路。烈士们牺牲的时候,最大的三十五岁,最小的只有十八岁。几十年过去了,如果活着,他们中最小的也成为古稀老人。而在我们心中,革命人永远是年轻的,他们已然成了满山葱茏的花椒树,即便是秋风扫尽落叶,也吹不走他们的生命气息,来年将会枝繁叶茂,开花结果,惠泽村庄和人民。

这是5月,花椒已经满树,嫩绿细小的颗粒在阳光下微微发亮,就像烈士们的生命,年年闪耀在青春的枝头。行走在花椒树下,听当年参与安葬烈士和运送伤员的王绍山老人讲起那段鲜血染红的历史,实在不忍重踩脚下的这片土地,生怕惊扰了长眠在这里的英灵。轻轻地穿过花椒林,我们来到焦沛然等八位烈士的墓前,三鞠躬,表达对烈士的敬意和敬仰。

抬头仰望,墓后的枇杷树上,挂满了细小却红得似火的枇杷,远处的红石岩,巨大的岩壁在周围灌木林的烘托下灿烂如同晚霞,仿佛一团火焰沿着红石岩和枇杷树,掠过茂密的花椒林,在白墙青瓦碧树间蔓延开来,瞬间将整个村庄染得血红。

黄华，英雄的热土

> 1950年12月20日，逃往四川的匪首，勾结同样是逃往凉山的另一匪首，率领匪众一千三百余人从务基回龙坝过江，分两路围攻黄华区政府，中国人民解放军第二野战军第四兵团十五军四十三师一二九团出兵前往黄华增援。这是一场惨烈的战斗，历时九天，击毙土匪一百二十余人，俘匪十余名，解放军战士伤亡三十五人，地方干部牺牲一人。战斗结束六十五年后，寻访战斗遗址，枪声远了，硝烟散了，唯有先烈精神永垂不朽。

穿墙的弹眼

历史的硝烟中，子弹曾穿过砖墙飞进飞出。

黄华，因黄葛树多而得名"黄葛场"。老街上，随处可见树龄几百年的大黄葛树。大树默默站立在街头巷尾，历经数百年沧桑，看尽人间万千事。然而，又有多少人和事默默地走进了大树的心中，历尽无数场风霜雪雨的洗礼后，依然枝繁叶茂舒展在天地人间。

横街，一棵黄葛树下的一栋老房子里，曾发生过一场战斗，那些为人民的解放事业而流血牺牲的人，如茂盛的黄葛树，永远挺立在人们心中。

黄葛树下的老房子，是一栋老旧的民国建筑，曾做过政府的办公楼。这里，发生过惨烈的战斗，这栋有烽火故事的小楼，二层砖瓦楼房的右侧墙面，穿越时光的弹眼赫然在目，圆孔窗周围被子弹打穿，墙面上布满无数的弹痕。这些枪眼和弹痕，有解放军留下的，有土匪留下的。一场剿匪的战斗，

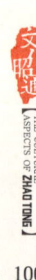

一面墙上却有双方留下的弹眼和弹痕，是不是仗打乱套了？战斗时，这座小楼是当时的区政府办公楼，让我们来看看这场战斗的实况。

1950年12月22日，与土匪激战了一天的解放军四十三师一二九团五连三排撤退到黄华区政府，当夜，大量的土匪也趁夜色潜入黄华，占领了黄华街上。23日，战斗正式打响。这一天，土匪发起的数次攻击均被我方击退。24日，土匪继续攻击，我方予以猛烈还击。这一天，土匪使出了毒计，抓来区政府工作人员周帮珍的父亲，带其到区政府对面的空瓦房里反复喊话劝降，企图动摇军心，瓦解斗志。面对土匪嚣张的气焰，区委书记陈学海提

出：谁出去阻止敌人喊叫？这时，周帮珍同志站起来说：我去！经过批准同意后，周帮珍拿着一支十响手枪，向喊话的方向连开两枪，喊叫声仍然不停。我方瞅准时机连扔三枚手榴弹，将喊话的土匪炸死。这个战斗片段，是记录这段历史不同版本的书籍资料都不能绕过和遗忘的。每一次读到这个细节，都会对周帮珍同志肃然起敬，她在面临一边是自己的亲生父亲，一边是人民解放事业的生死关头，几乎没有太多犹豫，毅然决然选择了后者。而在其父被炸死后，她依然坚持战斗，直至将土匪剿灭后才回家安葬父亲。这一天，区政府被土匪包围，在敌众我寡且子弹所剩无几的情况下，我方人员当夜突出重围转移。25日，县委和援军部队领导研究制订作战方案。26日拂晓，发起总攻。土匪此前已经占领区政府，将区政府设为司令部。这一下，轮到解放军从外往里攻了。由于土匪人员众多，防守严密，火力凶猛，解放军只好采取了"鼠洞战术"，挖了二三十个墙洞，直通匪司令部。被打入心脏后，土匪立刻土崩瓦解，匪首企图突围被打退。这一天，是战斗最为激烈的一天，战士陈文普在全身多处受伤的情况下，跳出阵地与冲上来抢夺机枪的土匪肉搏，并迅速拉响腰间的手榴弹，与敌人同归于尽。这个场面，让土匪惊愕，更让陈文普的战友们悲痛万分，他们向土匪发起猛烈攻击，打得土匪们惊慌失措、四散溃逃。

匪首趁乱从区政府悄悄逃走了。其逃到江边，发现渡船已经被解放军炸毁，便转身逃往务基青龙躲避。29日，被解放军击毙。

❶ 黄华老街
❷ 历史的痕迹

如今，来到黄华街上，行走于高大的黄葛树下，踏着这片浸染了英烈鲜血的土地，当年战士们英勇血战的情景在脑海里闪现，耳边仿佛有嗖嗖的子弹飞过，与土匪同归于尽的战士陈文普、冒着枪林弹雨挖墙洞的各位英雄，他们的形象一个个鲜活在眼前。经历了六十余载风雨后，当年的民国老建筑，后来的乡政府办公楼，已被高大的建筑遮掩，只有右侧和背面还展现在世人面前。镇政府早已搬离这栋砖瓦楼，在新修的楼房里办公。

漫步于小楼右侧的小广场，孩子们在球场上打球，欢笑声在广场上回荡，和煦的阳光轻轻洒在茂盛的黄葛树上，树叶绿得发亮，一切都显得那么和谐安宁，好像这里什么也没发生过。唯有墙上的弹眼，像历史明澈的眼睛，默默地凝视着这一片土地，凝视着金沙江水高峡出平湖，凝视着小镇日新月异的亮丽，凝视着湖滨小镇奔向小康和未来。

每一个深邃的弹眼里，都隐藏着一卷岁月的胶片，记录着社会的发展，镌刻下时代的变迁。

❶ 黄华垭口民国老建筑
❷ 黄华集镇民国老建筑

勇士的山峰

小学语文里,有一篇《狼牙山五壮士》的课文,五位战士的英雄壮举至今铭刻于心。在黄华,也有一个与"狼牙山五壮士"同样精彩的英雄故事。

1950年12月22日,与土匪们激战了一天的解放军四十三师一二九团五连三排某班赵善廷班长等七人,主动牵制敌人,掩护路凤喜连长带兵撤回黄华区政府。完成任务后,赵善廷等七人陷入"三面受敌、一面悬崖"的绝境,七位战士为了保持高尚的革命气节,纵身跳下悬崖,用生命谱写了全国剿匪战斗中最为悲壮的一页,写下了"云岚嘴七勇士"不朽的诗篇。

　　六十多年后的一个夏天,走进云岚嘴,寻访勇士的山峰。金寨村小学的唐志才老师和年过七旬的李荣章老人带着我们,从金寨驱车沿村组公路行进,下车后走一小段路就到了云岚嘴。这个行走路线,大致和当年七位勇士与土匪激战撤退的路线一致。不同的是,当年那个残酷冬日的这一段路上,没有茂密的花椒林,没有硕果满枝的核桃树,看不到碧树掩映的亮丽小楼,甚至可能连低矮的土坯房都很少见,大地一片苍凉,寒风在天空怒啸狂奔,即将来临的春天还沉睡在泥土里,山间一路杀声震天,战士们英勇奋战,土匪们在叫喊声中一个个倒下,血洗自己的罪恶。

　　云岚嘴上,立有"云岚嘴遗址"的纪念碑,一旁正在修建的纪念亭即将竣工。纪念亭建好后,能够更准确地标识出当年勇士们跳崖的地理位置,让和平时期的更多人能清晰地感知和触摸这段历史,纪念和缅怀他们。纪念碑前的悬崖边,长满了杂草和不知名的灌木,山风从岩下吹上来,灌木摇晃耳语,树梢呼呼作响,如一股浩然正气,直入人心。站在深不见底的岩边,让人背脊阵阵发麻,虽有树木遮挡,我还是没有勇气到最边缘看看目测悬崖的高度。在

雄奇险秀龙冲河

上龙公馆

唐志才老师和李荣章老人的介绍中，六十多年前那个12月22日的傍晚呈现在我们眼前。

那一天，时值深冬，也许是个风雪飘飞的日子，大地一片泥泞，寒风正卷着落叶在凋零的荒坡上打滚，几只乌鸦在天空盘旋嘶鸣。七位与土匪们激战的解放军战士，破旧的军装已经被雨水打湿，伤口里流出的血在军装上绽放成了理想的花朵。虽然他们正是二十来岁、血气方刚的年华，一天的激战还是让他们疲惫不堪。但他们的眼里透出的始终是坚毅和刚强，刀子一样锋利的目光直射凶狠残暴的土匪，让土匪们不寒而栗。也许，这一天是难得的冬日暖阳，傍晚时分，西沉的残阳将大地染得一片血红，霞光将七位解放军战士的身影拉得越来越高。战士们在崖边站成一排，环视三面喊叫着压过来的敌人，镇定自若，瞄准疯扑而来的土匪，扣动扳机，一声声枪响，一个又一个土匪斜歪着倒地滚下山坡。打出最后一颗子弹后，战士们背上枪，转身面对空谷整理了军容，纵身跃下悬崖……此时，一抹残阳掠过山谷，如一只巨手划过绝壁的琴弦，高亢的乐音从岩石上倾泻而下，缓缓流向大地。

从当年的战斗场景中走出来，唐志才老师带我们沿云岚嘴右侧的小路往下去黄华集镇。从下仰望云岚嘴，小路经过的地方类似一个槽口，坡度在六十度以上，这是当年云岚嘴一带老百姓通往黄华街上的唯一一条小路。除这条小路外，其余皆是悬崖。据说当年土匪为了阻断这条小路，在小路上方对准槽口的位置布下"口袋滚石阵"，这是一种比较凶残的战术，在山高谷深的地带使用得比较广泛。史料记载，战国中期齐国为了抵御鲁国和楚国的偷袭与进攻，在其国境内险要位置修建了长城。鲁国军队趁着月夜潜入长城脚下，准备翻城偷袭，不料刚抓住石头准备往上爬，长城突然松动了，化为滚石，顺山而下，砸得鲁军死伤无数，慌忙撤退。这可能就是最早的"口袋滚石阵"。土匪布置在小路上面的"口袋滚石阵"，据说是用

英雄的热土（黄华）

几根粗大的绳子将无数的石头拦住，使用时一刀将绳子砍断，疯狂的石头就飞奔而下，加速度驱使越滚越快的石头可以连续砸人，杀伤力甚至可能超过机枪大炮的威力。

右侧唯一的小路被切断，背后是无数步步逼近的土匪，前面是悬崖峭壁。这些不熟悉地形的外来解放军，唯一的路，就是不做俘虏，保持高尚的革命气节，视死如归。

和唐志才老师沿着槽口中的小路往下走了一段，遇上挖掘机正在开挖公路。轰鸣的机器声中，唐志才老师大声喊停了挖掘，踏着刚挖出来松散泥沙往下走，身后时有小股的泥沙夹带着小石块往下滚。走在前面的唐老师叫我们走快一点，这一段很危险。我背着包，提着相机，紧跟在唐老师身后，表面镇静，叫唐老师慢点，注意安全，其实内心还是恐惧的。生怕小石头碰到大石头，连带着滚下来，就成了现

成的"口袋滚石阵"。一路小跑到达黄华社区六组安全地带,不知道是因天气热,还是内心惧怕滚石,我衬衣湿透,额头上汗珠一颗颗往下滴。

仰望云岚嘴,山顶的一簇碧树直插云天,树下有一段褐白相间的绝壁,几乎看不到树和草的生长痕迹,再往下接近地面的岩壁才逐渐有了树和草。李荣章老人介绍说,勇士们跳崖许多年后,有村民用绳子吊着到悬崖上砍柴,曾捡到过半截破损的冲锋枪上交,钢铁都碎,何况血肉之躯。据资料记载,当年七位解放军跳下以后,一人受重伤后遭土匪杀害,一人生还归队,其余全部壮烈牺牲,当地老百姓找到他们的遗体时,已经面目全非,惨不忍睹,乡亲们含着泪水,强忍悲痛安葬了勇士们。

有住在云岚嘴下的村民说,云岚嘴上时常会有一团云雾萦绕其

间，天气晴朗的时候也会经常出现。大自然有很多神奇之谜难以解开，我想，这也许是勇士们惊天地泣鬼神的壮举感动了上苍，上天为他们挽挂的白纱。而在云岚嘴的右侧，一帘细柔的瀑布无论春夏秋冬，常年不息地簌簌落下，像是大地的泪水，一直在为英烈呜咽。

唐老师说，云岚嘴应该有五六百米高，勇士们当年这一跳，确实悲壮啊！的确，从下往上看，这山峰巍峨静立，但纵然它直插云霄，高度也可目测。而勇士们当年的壮举，其精神高度早已超越云岚嘴，成为无数人一生攀爬，却难以登顶的山峰。

烈士的守望

黄华烈士陵园的大门，建在正街上，凡是从街上走过的人，抬头就能看见"烈士陵园"几个金黄色的大字。烈士的精神，也就在每个敬仰他们的人心中永远闪着光芒。当初将烈士陵园的大门建在街上，我想不外乎有两个用意，一是让这些为黄华人民的解放事业洒下热血的先烈在黄华集镇和人民心中有重要位置，二是便于更多的人能够缅怀和祭奠他们。

进入大门，沿着苍松翠柏间的一百五十九级石梯拾级而上，一步一步地靠近这些高贵的灵魂，我们的心灵也就开始了一场洗礼之旅。踏着先烈们鲜血浸染的土地，沐浴着和煦的江风，我们没有任何理由不满怀对革命先烈的感恩和崇敬之情。一般情况下，只要是步入坟场，纵然天空阳光明媚，也会感到阴森压抑。但进入烈士陵园，纵然是阴雨绵绵，也会有浩然正气迎面扑来，这就是我们心目中，英烈永远是正义的化身给我们的力量。

陵园里，纪念碑上有这样的文字：1950年至1956年，中国人民解放军两次赴滇川永雷两县毗邻地带平叛，1950年冬，解放军在黄华金寨与敌战斗迂回至云岚嘴之激战中，壮烈牺牲孟光春等十四名干战，民兵二名，因部队转移未建墓碑……

从这段碑文看，当年在剿灭匪首的战斗中，十六人安葬在烈士陵园。

云岚嘴（黄华）

而因部队转移，他们中一些人没有留下信息，成为无名英雄，我们只知道他们有一个共同的名字：烈士。他们中，有的可能是久经沙场的老将，有的可能是刚刚穿上军装的战士，有的也许是临时武装起来的民兵。也许，打完这一仗，他们中的一些战士就要退伍回家，与亲人团聚；有的人还要奔赴另一个战场，继续军人的崇高使命。然而，黄华成了他们最后的战场，他们用鲜血和生命换取这一片土地的和平与安宁。据《永善革命遗址》记载，在黄华剿匪战斗中，解放军和地方干部牺牲二十四人，可见这次胜利付出的代价之惨重。

"青山有幸埋忠骨"，烈士们长眠在这里，以他们宁死不屈的精神，滋养着这片土地，用他们生命的另一种高度，俯瞰这里的山水。

山川灵动，大地生辉。如今的黄华，这片生机勃勃的热土，人民继承和发扬了革命烈士的精神，正在小康大道上一路领跑，继续前行。

风流人物：诉说还看今朝的情怀

【　他们是时代的弄潮儿，在惊涛骇浪中搏击风雨，探索真理。他们是迎风招展的旗帜，在争取人民幸福生活的道路上，不懈奋斗和求索。他们满怀理想、坚定信念，抛头颅、洒热血，冲破黑暗，走向光明。

革命家李雁宾

1909年初，云南陆军讲武堂特别班里，来了一位自称是"昭通人"的四川学员。这位学员后来成为解放军的总司令，他就是朱德。而当年因成绩优异，一同被编入这个班的另一位学员，后来也成了一位革命家。他就是来自永善桧溪的李雁宾。

李雁宾（1888—1950），字云鹄。1909年考入云南陆军讲武堂丙班，因成绩优异而被选入特别班，学习期间便加入了同盟会。毕业后，在蔡锷所部当见习官，云南"重九起义"时升任连长。辛亥革命后，受唐继尧派遣，进入黔军王文华部训练新军，相继担任团副和团参谋长。1915年，为联络各方反袁力量，建立滇黔反袁联盟，李雁宾穿梭往返于滇黔之间。同年12月22日，李雁宾参加军事会议后，同蔡锷、唐继尧、戴戡等军政要员歃血为盟，庄严宣誓："拥护共和，吾辈之责，兴师起义，誓灭国贼，成败利钝，与同休戚，万苦千难，舍命不渝，凡我同仁，坚持定力，有渝此盟，神明必殛。"护国战争开始后，李雁宾应戴戡之邀，一起赴川南参加綦江战役，暂任右翼军司令部副官长，继任前敌指挥官，与熊其勋梯团长一起指挥战斗。护国军兵分三路进攻綦江，同北洋军战斗一个月，歼敌数千人。护国战争结束后，原黔军第一团扩编为陆军第一师，李雁宾担任参谋长兼第一旅旅长。李雁宾为促进滇黔两省的联合反袁做出了贡献，被两省尊为有功将领，护国元勋。1917年，孙中山先生发动护法战争，李雁宾在黔军总司令王文华部任参谋长兼第一纵队司令，率部入川主攻北洋军吴光新部。经激战，北洋军伤亡惨重，仓皇逃离重庆。黔军攻占重庆后，李雁宾又率部继续北进，攻占隆昌、内江、资中、简阳等地。1918年，李雁宾回到贵阳，任贵州警察厅厅长。1921年，辞职回到云南，相继任云南陆军讲武堂将校队总队副（唐继尧自兼总队长）、云南驻沪代表、唐继尧的总参谋长等职，以军功累升至陆军中将。

龙云主政云南后，曾委任李雁宾为造币厂厂长、云南省政府总参议等职。曾受龙云委托，多次往返于粤、桂、川、康之间，共商反蒋事宜。抗战期间，民主人士云集昆明，民主运动此起彼伏，李雁宾多次进言龙云，支持民主运动。解放战争时期，李雁宾又与云南知名人士白小松、徐嘉瑞等联名上书云南省主席卢汉，声援学生爱国运动。云南和平起义前夕，重病中的李雁宾曾与白小松共商过渡时期如何支持新政权的大计。和平起义后，又与白小松发动地方名流，筹组"拥政会"，拥护人民政府，李雁宾被推举为拥政会会长。

李雁宾从加入同盟会，参加反清的"重九起义"，到积极参与策动反对袁世凯独裁专制以及复辟帝制的倒行逆施的护国战争，从投身孙中山先生发动的护法战争，到进言龙云支持民主运动，以及起义后被推举为"拥政会"会长，都展现出作为一个爱国军人报效国家、追求民主共和、追求社会进步，为人民争取自由和独立的崇高理想。

深明大义曾泽生

金沙江畔的大兴镇大兴村，有一个出将军的地方驿马村。

驿马一组，是群山之间难得的一片平坦之地，一平如镜的稻田和田边错落有致的传统民房，将这个村落装点得如诗如画。

稻田旁边的一块旱地里，静静地站立着几个形状各异的石头，偌大的一片土地里，独立这么几个怪石，会让人联想到一定是某种神奇的力量将这几个巨石置于这诗画的村庄。当地村民称这些石头为石鼓、石柜、将军印。村子两旁是高耸的群山，山崖上有状如飞马的岩石。相传，多年以前的某个午后，一位农人正在赶牛耕田，突然听见石鼓擂响，岩壁上随即飞马嘶鸣，石柜缓缓打开，一把金光闪闪的战刀呈现出来，农人被这景象惊呆了，好奇心使他走到了石柜前，拔出战刀。这时，更离奇的事情发生了，他的耕牛突然掉进了田里。农人吓慌了，赶紧将战刀放回原处，耕牛的头又奇迹般回到牛脖子上，鼓声停息，一切又归于平静。多年以后，驿马的村民们再次讲起这个故事时，依然对这个传说深信不疑。村民们认为，因为有了这神奇山水，才使这里走出了一位共和国的将军——曾泽生。

稻田旁边，有一栋古旧的四合院老建筑，就是曾泽生将军的故居。建筑为土木结构，通过窄小的窗口，可以看见厚厚的土墙壁，黄墙蓝瓦的院落里，布满时光的褶皱和烙印。院落后是巍峨壮美的棋盘山。据说，遇上晴天，棋盘山上会投下三道光束。而这三道光束，正好射在这座老旧的院子里，院子里便熠熠生辉。正是这三道光束，成就了曾泽生的将军之路，又给曾泽生将军的成长添了一分神秘色彩。

曾泽生曾任滇军六十军军长，1948年10月在长春率领六十军官兵反蒋起义，使长春兵不血刃和平解放。1949年1月任中国人民解放军第四野战军五十军军长，奉命率部南下，参加鄂西战役，又挥师西进，参加刘伯承、邓小平指挥的成都战役；1950年10月

曾泽生将军

曾泽生将军故居
（大兴驿马沟）

25日，五十军随三十八、三十九军首批入朝参战，在彭德怀总司令的指挥下，取得一、二、三、四次战役的胜利。特别是第三次战役，突破了临津江户，歼灭了英国皇家坦克营，指挥442团率先攻进汉城，涌现出了"白云山团""修理山连"等英雄集体，打出了军威、国威，受到志愿军总部表彰。

曾泽生一生战绩卓著，曾参加过台儿庄战役、抗美援朝等著名战役，为抵御外来侵略者，解放全中国，立下了赫赫的战功。1951年4月和1955年4月，毛泽东主席两次接见曾泽生将军。1953年获朝鲜民主主义人民共和国一级国旗勋章；1955年被授予中国人民解放军中将军衔，并获得中华人民共和国一级国旗勋章。

曾泽生出身于地主之家，从小生活富裕。按理说，在那个无数人食不果腹、衣不蔽体的旧社会，这是一种令人羡慕的生活，他完全可以和更多的富家公子一样，坐享其成，收租、买地，娶几门姨太太，过舒适的日子。但曾泽生似乎讨厌这种生活，小时候就喜欢和穷人的孩子玩，把家里的东西偷偷拿来分给穷伙伴们吃。再大一点，就想着要读书，知道只有学到知识和本领才能有出息。应该说，从小时候起，曾泽生骨子里就有了济贫救弱、正直善良的仁爱之心。后来，在讲武堂不满校方行政腐败贪污、教育落后而鼓动风潮，不上课抗议校方，更是一个热血男儿正义感的具体展现。1925年，担任教导师三团连长，不到一年，又因不满师团腐败恶习坚决辞职。1928年，在第五师军官队任少校队长时，因不愿做腐败军人，再次辞职，改学驾驶，想转入交通行业。1937年7月7日卢沟桥事变以后，身在滇军部队的曾泽生激愤难忍地说：暴日侵略我土地，残杀我人民，处国难当头时期，抗日战争为当前第一件大事，不容畏难与敷衍，毁家捐躯，亦在所不辞，岂能坐视国土被践踏，同胞被残忍！倘若云南不出兵，我们要国民的资格去前线杀敌。这番慷慨激昂的话语，体现了一个军人，甚至一个普通中国人忧国爱民的情怀。1948年10月，曾泽生目睹长春被围困三个月军民之惨景，深切体会到老百姓对国军的愤慨，意识到蒋介石发动非正义之战让生灵涂炭之罪，毅然反蒋起义，走上革命征程，这是曾泽生在民族危亡之际做出的深明大义之举。1950年，朝鲜战争爆发，曾泽生抱病请求参战，更是体现出了其保家卫国的决心和壮志。

有一件小事，更能折射出曾泽生的高尚品质。1935年曾泽生回乡给母亲做寿返回部队后，有村民发现一张纸条："马儿不小心

将军的故乡驿马沟

踏坏了你的庄稼，赔银四块大洋。曾泽生。"从这件小事，也能看出曾泽生心系苍生的情怀，所以在关键时刻，他才会为了百姓举旗起义。

驿马沟虽然有许多神秘的传说，但灵山秀水能够陶冶人的情操，曾泽生的成长和这里养育他的山水一定有莫大的关系。一位将军的锻造之路，主要还是由个人的智慧和后天的努力而成。从曾泽生的成长轨迹来看，其从小就是一个有同情心、追求进步的人，进入军校及部队后，又表现出疾恶如仇，深明大义，富有正义感的品性。1948年率部起义，成就了一位战功显赫、忧国爱民的共和国将军。

乌蒙先锋蒋永尊

七十二年前，在云南昆明，曾经有一次载入革命史册的演讲，也就是我们初中语文课本中的范文《最后一次演讲》。他的组织和策划者之一就是蒋永尊。

1945年7月15日上午，著名民主人士李公朴先生遇害经过报告会在云南大学至公堂举行，闻一多在报告会上拍案而起，严厉声讨反

蒋永尊烈士

动派的无耻罪行和卑劣行径，公开揭露国民党的血腥暴行，表示为争取民主，绝对不怕牺牲，号召广大人民群众站起来，一起与反动派做坚决的斗争。演讲过程中，全场群情激愤，口号不断，这就是震惊全国的"最后一次演讲"，也是蒋永尊在当时白色恐怖笼罩的严峻形势下，不畏威胁、恐吓，以昆明学生联合会主席身份冒险主持的。当天下午，闻一多先生又被特务暗杀，蒋永尊也在国民党特务搜捕之中。在地下党组织和费孝通教授等的帮助下，才化险为夷、幸免于难。

蒋永尊于1920年农历九月出生于永善桧溪得胜村木枯，是解放战争时期昆明学生运动的主要领导人之一，也是"六六分队"主要组织者和领导者。

蒋永尊从小目睹老百姓的悲惨生活，幼小的心灵埋下了对旧政权仇恨的种子。当世界一片黑暗，大多数人还在浑浑噩噩中度日时，他却恨透了暗无天日的旧社会，并且立志改变现状。因而从小就辗转各地求学，在从家乡到昭通求学的路上，目睹了沿途贫苦农民无衣无食的生活情景，感慨作诗道：

耕犁万亩实干仓，力尽气竭筋骨伤。
肚贴脊梁理何在？衣不蔽体恨难忘！

可以看出他对统治阶级的强烈不满和对劳动人民的深厚感情。也就是从那时起，革命种子开始在他心中萌芽。

1939年春，蒋永尊经李德仁介绍加入中国共产党，是永善第一个入党的党员。这期间，革命热情在蒋永尊的心中火一样燃烧。1941年夏，他在昭通中学组织秘密读书会，培养进步青年，先后发展了傅发焜、陈齐平等加入中国共产党。还指导弟妹们阅读进步书籍，讲革命道理，教唱进步歌曲。在他的影响下，他的大哥、二哥、四弟、四弟媳先后走上革命道路。1944年秋，蒋永尊从昭通到昆明后，考入云南大学社会系。在校学习期间，参加云南大

学地下党组织的领导工作，忠实执行党的指示，坚决完成党交给的任务，积极参与组建学生进步社团，广交朋友，团结进步同学。1945年底，昆明爆发"一二·一"爱国学生运动，蒋永尊以云大学治会领导成员身份，带领广大师生支援第一线斗争，负责联络昆明各大中学校，经常与各校学生代表保持密切联系，进行了大量宣传组织工作，与国民党当局进行了有理有利有节的斗争，学生运动取得了重大胜利。

1947年6月6日，蒋永尊奉中共云南省工委之命，在宣威县宝山格宜建立了革命武装"六六分队"，任党代表，负责全面工作。这是云南较早的反蒋武装，是滇东北第一支游击队。"六六分队"的建立和发展，为党锻炼培养了一批干部，壮大了革命武装。同年10月，由于斗争形势的发展需要，省工委决定蒋永尊任"中共滇东特委"书记，到丘北建立根据地。11月6日，蒋永尊偕柴爱国等四人前往丘北途中，在宣威海岱冲月亮田徐家坟，遭武装土匪袭击，蒋永尊不幸头部中弹牺牲，时年27岁。蒋永尊牺牲后，为了继承和发扬烈士精神，以其和傅发焜姓名中一字命名的"永焜支队"于1949年1月在宣威成立。这支饱含烈士心血和精神的队伍作战勇猛，成为解放滇东北地区的先锋力量，开辟了滇东北革命根据地，为解放昭通，以及云南的全面解放做出了极大的贡献。

蒋永尊的一生虽然短暂，但为革命立下了汗马功劳，无论是思想还是行动，都是乌蒙高原上的先锋力量，是云岭大地上的一面鲜红的旗帜。

红色火种的播撒人胡仁惠

"星星之火，可以燎原。"这是毛泽东当年在革命成败的关键时期，对中国革命寄予的希望。正是这点点"星火"，使胜利的红色旌旗高扬中国大地，点亮了中国革命的灯塔，指明了前进的方向。凭着"星星之火，能够燎原"的坚定信念，战胜了一个又一个困难，取得了一个接一

胡仁惠

个的胜利。

胡仁惠作为第一个进入永善，开展党的地下工作的共产党员，红色火种的播撒者，为党组织在永善的建立、发展和壮大，以及领导革命武装力量解放昭通和川南做出了积极的贡献。1923年6月，胡仁惠生于永善县务基镇，1941年考入昭通中学高九班读书。1944年8月考入云南大学预科学习，在昆明读书时参加"一二·一"学生运动。1946年12月，经蒋永尊介绍加入中国共产党，同月，中共云南省工委委托蒋永尊派他回永善开展党的工作。胡仁惠怀揣红色革命的种子来到永善，受聘永绥联中任教导主任，开始在那时还阴云笼罩的大地传播革命理想和信仰。那时候，党的工作只能秘密开展，而且要保证万无一失，稍有不慎，就会给党组织和同志带来巨大牺牲。胡仁惠就在那种危险的处境中以教书为掩护，先后辗转于莲峰、桧溪、务基等多地秘密开展地下党工作，为党在永善的发展壮大、开展武装斗争做出了巨大贡献。至1949年底，永善县的共产党员已发展到35名。

1949年11月2日，由永善地下党领导的"武装斗争第一枪"在桧溪打响，击毙了独霸一方，作恶多端的桧溪伪镇长杨杰，掀开了永善历史崭新的一页，奠定了解放永善的坚实基础。打响这一枪，胡仁惠功不可没。

1949年12月，中共永绥县工委成立，胡仁惠任县工委副书记、永绥大边游击队副政委、政治部主任。1950年1月，胡仁惠率永绥大边游击队二中队到大关县大湾子解除了唐继生武装，并参与了解放大关县城、落雁突围等战斗。1950年1月在大关，永绥大边游击队与盐大游击队成立政工队，胡仁惠任队长，负责部队的宣传发动工作。1月底，胡仁惠随游击队到四川筠连，参加了筠连保卫战、大小洛瓦等战斗。

1950年3月，中共永善县委在昭通宣布成立，胡仁惠担任县委委员、县委宣传部部长。1951年6月调离永善到昆明学习，后留昆工作。2008年1月在昆明病逝。

文化名家：书写文脉永续的精彩

> 文化，是一个民族的灵魂，是一个地方发展和进步的精神基础。文化的繁荣，需要贤能的引领和传承。在永善这片文化底蕴深厚的土地上，文化先贤们在历史的长卷中写下了精彩的篇章。

文化奇人孙谦

永善文化先贤中，孙谦算是一个文化奇人。

孙谦原籍江南淮安府安东县人。清乾隆初年入滇，其知识渊博，谋略过人。初到永善之时，曾在桧溪一李姓地主家当雇佣，沉默不语，性格孤僻，憨厚老实，只知道拼命干活。当时，人们并不知道他的身世，只把他当作远方流落在永善的难民。

有一天，东家有一位远方亲友病故，准备写祭文吊唁，四处寻找文案先生，但在方圆百里之内都无此人。东家深感惋惜，怅叹很久，只好由家庭家师代笔。时值春种，孙谦先生连担数担肥料上山，均见家师提笔难下。毛笔蘸而复干，干而复蘸，坐立不安，似有难处。先生不忍，便向东家说："待我试试。"家师闻言，大伤体统，顿时勃然大怒，骂道："你这长工贱人，有何能为，不知天高地厚，你能为文，我代你担粪！"先生不语。主人开初讥笑先生太狂妄，又可怜他憨厚老实，愚昧无知，没有指责，但又看他神色自然，似有成竹在胸，像写文章的人。因急需祭文，便叫先生试试。于是，重设几案，准备笔墨纸砚等待先生书写。

孙谦碑帖

先生欣然提笔，一会儿，便落笔千言，一挥而就。其文辞华丽优美，凄凄惋惋，催人伤悲流泪。旁观者无不惊讶称赞，东家从此对先生另眼视为"异人"。那以后，东家便聘先生为家教，不用再做苦力。其祭文送至四川叙府（今宜宾）故友家，文豪争相诵读，称为奇文，追问作者何许人氏。于是叙府官宦殷富争相聘先生到叙府任教，但先生却以报答李东家的知遇之恩为由拒聘。当时，井田乡有个叫葛张的贡生，通晓经典，善舞笔墨，是井田乡最有名的文豪，听到孙先生的传说事迹甚感疑忌，就怀着嫉妒和刺探的心理顺江而下到桧溪拜访先生。结果二人之乎者也，一见如故，果然名不虚传。同论天文地理，甚是投合。葛张便请孙谦先生到井田乡办学教书，培养一代人才，并劝孙谦先生参加科举应试，谋一官半职。先生应葛张之邀，移居井田办学教书，但拒绝科举应试。葛氏猜测先生有难言之隐，也不再催请先生应试。

葛氏家境富裕，对待先生礼无不周，先生也尽心教育学生。这些学生有住校的，有走读的。因其知识渊博，教育有方，投在他门下的人越来越多，先生也一概收纳，他的声望远近闻名。

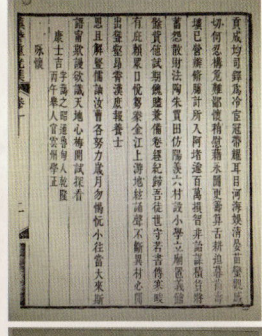

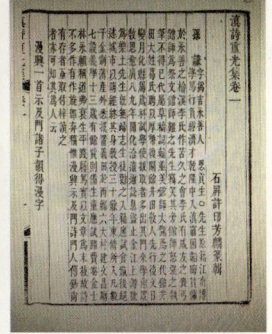

孙谦晚年由恩贡生选授元谋县教谕，但他却以年老拒任，于道光三年（1823年）癸未元旦去世，享年九十岁。在此期间，他所办学的七个乡的弟子都聚集到佛滩三关蒋氏家办理丧事，人人披麻戴孝，如丧考妣，争相将灵柩运至本乡安葬。争夺不下，矛盾激化，便互相诉讼请县官判决未果，灵柩久停难葬，后民间协调商议，将灵柩运至先生生前办学最集中的井田乡安葬，每年遇先生的忌日，各乡弟子齐聚井田乡祭奠，其余各乡弟子各建先生祠堂当本主祀奉，这样争论才得以平息。以后各校学生每有重大活动都要到先生墓前祭拜，多数学生家庭供有先生牌位，直至20世纪60年代。

孙谦终身未娶，故无子嗣。先生在临终时曾告诉门生，他本姓沈，名鹤鹏，又云焘，而为何化名"孙撝吉、孙逸之"，为何隐藏逃匿到永善这个偏僻山区，先生却终身不提，因此世人都不知道他的身世。又有人传闻，他是江南淮安府人，因遭"文字狱"株连九族，是隐遁幸存者之一。真是：奇人一生多余韵，业绩千古留芳香。

孙谦在永善执教三十年，勤劳节俭一生，所积薪饷除治备简单的生活用具外，其余全部捐助乡人。他在永善的桧溪、吞都、井田、新拉、白沙、三关等乡修建有文昌庙（学馆），还设置义田、学院、乡会试路费田。他设置的义田，多为解决贫苦农民的生活困难；设置的路费用田专门为贫苦学生解决应试的费用。他在永善办教育，受他教育恩惠的人非常多，致使文风蒸蒸日上。他的学生在岁科两试中及第者十有六七。自他办学之后，永善科举之风逐渐兴盛，至清末，永善考中进士五名，举人五十八名，秀才贡生若干，在乌蒙地区首屈一指。

孙谦对永善教育事业贡献了毕生精力，铸就了那一个时期永善教育的辉煌。孙谦对永善的另一大贡献，是组织编撰了《嘉庆永善县志略》，该书于嘉庆八年（1803年）修毕，故名。由孙谦带其门下诸生共同编写，孙谦任主编，诸生按照其要求搜集资料，撰写初稿，最后由孙谦考订统编。这本志书较为系统、全面地记载了永善嘉庆八年（1803年）前的历史和现状，门类和体例较全，是今天了解和研究永善古代历史最有权威性的县情书，特别是简洁、准确、朴实的文字，充分体现了作者非凡的文字功底和深谙志书体例的超越能力。

博学多才邓子琴

小时候，曾经学过一篇课文，讲述的是列宁"吃墨水"的故事。大家都知道，那是列宁为了能在监狱里指导革命而想出的妙招。其实，他吃的不是墨水，是面包和牛奶。

而在多年前的务基，就发生过真"吃墨水"的事情。一位刻苦认真的学子在学校读书很晚没有回来，这天恰逢端午，他的母亲就把粽子和糖水送到学校里，并且把粽子全部剥开，叮嘱他赶紧吃，不要挨饿。其母亲走后，学子一边吃粽子，一遍专心致志读书。待到他的母亲再次来收碗筷时，发现粽子吃了，糖水原封未动，再看其嘴，满是墨水。原来这位学子读书已经进入到食而无味的境界，错把一盘墨水

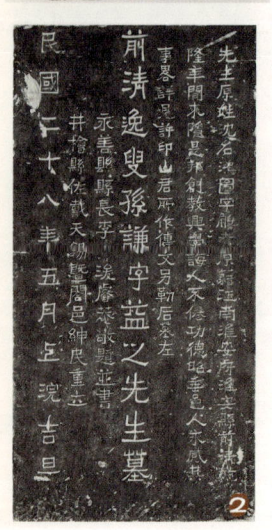

❶ 孙谦墓碑
❷ 孙谦墓碑拓片

当糖水吃了。这位聪明好学的学子，据说后来因博学多才和在教育上的突出成就，曾被蒋介石三次宴请，欲请他担任教育部长，但他看透了国民党官场的腐败，婉言谢绝了。拒绝好意后，为了表示自己无心问政，转而研究佛学，在历史和佛学上也有很高造诣。这位学子，就是享誉国内的知名学者邓子琴。

邓子琴，是永善务基人。半岁时父亲去世，自幼家境贫寒，但聪慧好学，靠其母节衣缩食和亲友资助读书，辗转多地求学，成绩优异，毕业于南京中央大学哲学系，学业有成后辗转多地任教。1950年8月，邓子琴任西南师范学院历史系教授直到去世，曾是四川省众多学术组织和机构的领导者和负责人，曾多次被评为先进工作者，出席过全国第一届先进工作者代表大会。

邓子琴毕生献身于教育事业，长期在高等教育和学术文化园地培桃育李，辛勤耕耘。他在耄耋之年，仍精神振奋，青春焕发，连续招收了两届唐宋史研究生，亲自编写教材，认真授课，悉心指导，积极为国育才。他一生手不释卷，勤恳好学，通晓和涉猎英、德、法、日语，梵、藏、彝等语言文字；他学风严谨，学识渊博，治学严谨，知识广博，造诣颇深。在从事教学工作的同时，又从事中国哲学史、隋唐佛教哲学思想、中国礼俗学、金石文字等方面的研究。著有《礼俗学纲要》《阿输迦王石刻译注》《中国风俗史》《隋唐佛教史》《佛家哲学基本问题》《佛家哲学要论》等专著，总计超百万字。但是这些著作在邓子琴生前无一出版，其对自己的心血之作"藏之名山"，积而不发，其原因应该是邓子琴在学风上的严谨态度和不求名利的学者风范。

邓子琴不仅在教育和学术上有专攻，还对少数民族地区社会历史研究倾注了大量心血。20世纪五六十年代，已是花甲之年的邓子琴，靠着骑马或者步行，多次率队经过人烟稀少的大森林，冒着生命危险在漫天大雪中艰难而行，深入四川甘孜、阿坝、凉山和内蒙古等地进行社会历史考察，收集大量第一手材料，编印了《民族史论集》《中国西南少数民族史略》，开设四川少数民族史课程，并撰写论文多篇，对民族史的教学和研究做出了开拓性的贡献。同时，他还钻研音韵学、训诂学和考据学，擅长古典诗词，造诣颇高，他的学生为他刊印了《师马鹤斋诗

① 邓子琴诗集
② 邓子琴编著的书籍

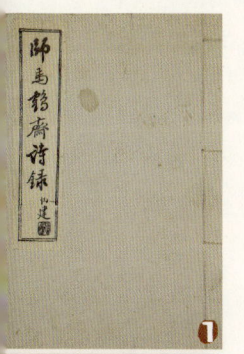
①
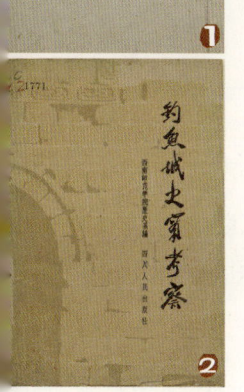
②

录》传世，为家乡永善留下了大量精美的诗文。

其创作写家乡的《务基风景诗十二首》堪称名篇。如其中的《屏风凝锦》：

九叠张云锦，千寻丽上穹。
蕴崇隆地脉，磅礴镇圻封。
霭霭霏寒雾，苍苍凝翠空。
赏心惟夜月，倒影入帘栊。

此诗读来意境悠远，气势磅礴，可见作者深厚的古诗词功底。另一组《璧山记事诗》，是抗日战争期间邓子琴在璧山写就，表达了其抗日之决心、爱国之热忱，其忧国忧民之心溢于字里行间。如：

羞与新亭对泣同，过江意气本豪雄。
揭来闲卜中兴意，夜听荒鸡沸碧空。

作者借"新亭对泣"这个典故，表明山河遭到践踏的忧心和决心抗日的豪情壮志。更让人惊叹的是，邓子琴不仅在教育、文学、宗教方面颇有建树，还是一位有高超医术的名中医。他对祖国医学研究甚深，以精湛的医术免费治病救人，深受人们的爱戴。

博学多才的邓子琴，涉猎领域之广，取得的成就之高，让人叹服。于教学，桃李天下，硕果累累；于学术，孜孜不倦，著述颇丰；于创作，勤奋耕耘，佳作频出，是享誉国内的知名学者。

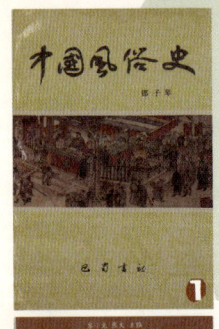

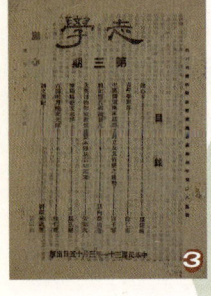

❶ 邓子琴著作《中国风俗史》
❷ 邓子琴著作《南方民族史论集》
❸ 邓子琴著作 资料

亦医亦文胡剑琴

1953年，当时的苏联，身患脑出血的斯大林躺在病床上，生命垂危。
一位中国中医人士致电莫斯科，请求医治斯大林的重病，可惜未获批准。
1953年3月5日，斯大林逝世，之后赫鲁晓夫上台，全盘否定斯大林，中苏关系从友好裂变到严重分歧，两个世界巨头国家关系大转折，世界格局也发生了重大变化。

一个电话改变世界，也许不是空谈。

当年，打这个电话的医生，就是永善县务基人胡剑琴。从小受家庭影响，胡剑琴对中医兴趣浓厚，青少年时期即能处方、治病。他先后入滇黔绥靖公署军医大学、中国医学专修院学习医术。1961年后，执教云南中医学院。1988年，退休后返聘回校，坐堂专家门诊。

胡剑琴行医，患者盈门，治愈者成千上万。早在20世纪五六十年代，便广受赞誉和传诵。报刊盛载其事迹，称他"起死回生"、创造"奇迹"，尊他为"大医学家""伟大国医""天才中医师"等，显示出他精湛的医术和高尚的医德。其在中医药方面的研究是具有开拓性的，著述有《起死回生》《中药生姜新探索》《命门火"一元论"学说》等，并在1982年做过"十八反"药物的动物实验研究。依据动物实验结果，著述了《推翻中药十八反》，这是对传统中医用药的重大颠覆，表现了胡剑琴不迷信古人，敢于突破常规思维方式的科学研究品质。

胡剑琴不仅能医，还能文，有较高的文学修养和深厚的文学功底。1943年，曾任《昭通日报》前身《滇东日报》的编辑。后来，又向西南联大教授朱自清、李梦琴、吴宓以及西南师范学院教授邓子琴等名师学文学。他擅长诗词，创作了大量的诗词作品。1954年，曾任"鲁迅剧艺社"委员；1955年至1966年的十年间，又任乐天诗歌研究社全国委员兼昆明地区负责人。他常以诗词会友，享誉甚高。如其诗词《长相思》：

多少愁，又中秋！一夜蛩声上枕头，月痕空满楼。
挂帘钩，醉凝眸，遗画桃园野渡舟，接天春水流。

这首词大有李清照的婉约风格，读来令人万般惆怅涌上心头。他一生创作了大量诗词作品，保存下来的千余首结集成了《鸿雪诗词选集》《学诗绝句五百咏》等。

胡剑琴先生，一生以中医治病救人、传道授业、培养医务人才，以诗词陶冶情操、怡养情性，在中医和文学方面都有较高成就，为我们留下了宝贵的医学和文化财富。

第三章

徜徉峡江山水

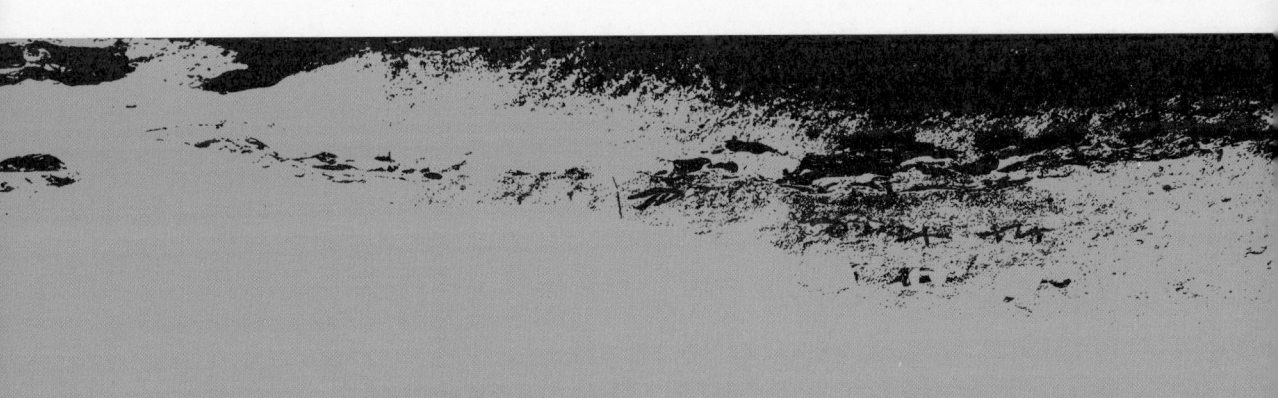

  徜徉于钟灵毓秀的永善山水，一路曲环览胜，那水墨风情的金江画廊、云蒸霞蔚的高原仙境、鬼斧神工的自然奇观，或山水交融，或云麓相依，山山有性，水水皆灵，处处是景，铺开了一幅幅奇丽的山水画廊。

  山重水复一步一景，百里画廊美不胜收。浩浩金沙江，滋养出永善人豁达的胸襟、豪迈的气概，把心灵融入这方净土，定能吟出一首首通达自然的诗篇。

金江画廊：荡气回肠的水墨世界

> 亘古金沙江从雪域高原逶迤而来，蜿蜒坎坷，波涛汹涌，绘就 168.2 公里的永善山水画廊奇观。它以诗意般的深邃，挥洒淳朴的古风遗韵。持一柔轻橹，携一抹山黛，用心融入这方水墨世界，一幅浅绿的山水画便徐徐铺展开来。

三关吟唱

金沙江，历为川滇通衢要道。据史料载，永善自古雄关险隘，关山盘错，古设黑铁关、金锁关、回龙关，三关并峙，一道相连，遥相呼应，以防外患侵扰。

三关背倚绝壁，下临深渊，扼险据要，仄径内通外联，是清朝、民国时期昭通往来四川凉山、宜宾的咽喉关隘，素有"一夫当道，万夫莫开"之势，自古以来便是兵家必争之地，历史上多有兵戈铁马激战于此，令多少儿郎血染戎裳，壮志未酬便已饮恨疆场。

黑铁关，蛰居于一个二半山区的村子，海拔 1000 米左右，位于黄华镇黑铁村境内。黑铁为彝语音译，意为鏖战八次才攻克的地方。黑铁关峭壁矗天，林木遂茂，在其绝壁上有一片白色的岩壁，凹进去略成碑形，镌刻有"含辉"二大字，苍劲有力。前人曾以"黑铁雄关比铁牢，山中狐兔旧称豪。将军破敌如摧朽，终定乌蒙斩桀骜"的诗句形容其险峻情景。

金锁关距黑铁关西北四十里，位于今黄华镇金寨村境内。其地

竹木森翠，岩谷幽深，峻岭重重，望之巍然天际，如巨龙横锁金江，岭脊背峭如刀刃，两侧天际苍茫凌空悬绝，人行其间仿佛腾云驾雾，无不心惊肉跳。古人《金锁关》有诗形容它"曲曲盘盘凌绝顶，划然长啸碧云中。去天一握鸢难戾，离地千寻剑倚空。锁合晓烟迷薜翠，钥开初日点苔红。不知关自何年辟，壁立乾坤万古同"，其惊险之度可想而知。

黑铁关的山崖上，硕大的"含辉"两个楷书赫然耸立，一米五高的黑色字体遒劲有力，在黄褐色的背景下夺目非常。江岸山崖陡峭显眼处，"南海飞来""赛普陀""永垂千古""利济行人"等碑刻标语见证着佛教信仰和儒家文明在偏远山区的浸染。

回龙关，《云南通志》中为"曲龙关"，位于今务基境内，是入川要道上的险要关隘。古人一首《回龙关》更是道尽了其奇崛和伟岸：路接蚕丛境，严关旧寂寥。崇峦绵绝塞，曲磴上层霄。日暮风逾急，春归雪未消。至今烽燧息，犹说靖氛妖。

"禄氏之变，逆夷分守各隘，哈将军一日破至三关。今人

黄华黑铁关

破三关之说,土人犹习以为美谈,曰破三关甚盛也。"雍正六年(1728年)米贴禄氏率部夜袭左协副将郭寿域部,300名清兵仅一人幸存。稍后,云贵总督鄂尔泰派大将张耀祖、卜万年、哈元生率军征剿得胜,钦定县名为永善,建公廨于米贴。同治元年(1862年)十一月,太平天国翼王石达开率军数十万,沿金沙江进入永善,兵分数路直挟永善县城莲峰,与守兵和地方武装激战于金锁、黑铁、回龙三关。

民国时期,龙奎垣盘踞金锁关,称霸永善。永善剿匪斗争时,解放军七勇士因弹尽粮绝,毅然纵身跳下云岚嘴的百丈绝壁,壮烈牺牲,谱写了一曲惊天地、泣鬼神的英雄壮歌。硝烟散尽,换来盛世清平,勇士们年轻的鲜血,浇灌

出古道上永不凋谢的红色花朵。每逢雨季，银白溪流自云岚嘴倾泻而下，潇洒飘逸，瀑布之声如急雨，如裂帛，阳光映照时五彩缤纷。

岁月悠悠，世事茫茫，金沙江水波澜不惊地流淌在峻峭的高山峡谷间。聆听历史的涛声，遥想那段久远而凄清的往事，先民凭借简单的工具和原始的技术，用刚劲有力的臂膀在险山恶水间凿孔架木、破石开道，突破山岭阻隔，始建三关。

由于年代湮远，时光隔绝，昔日重兵把守、戒备森严，"跌死狸狸弯死牛，行人过栈胆忧忧"的黑铁、金锁、回龙三

❶ 万家岩
❷ 黄华佛济桥摩崖石刻
❸ 黄华"舍辉"石刻

关，历经烽烟岁月的洗礼，早已褪去往日的铅华，沉入历史的云烟风尘，演化为一道亮丽和谐的风景矗立江畔。

站在黄华集镇立街，只见山坡上摇曳生姿的桃花开得是灿若云霞，龙冲河潺湲的溪水义无反顾扎进金沙江。仰望金锁关森然的峭壁，似闻当年的金戈铁马之声，耳际犹有战马嘶吼、鼓角争鸣。

往事越千年，不尽江河滚滚来，金戈铁马远去，烽火狼烟远去，多少悲欢离合、生死离别的场景远去，只留残存的三关地名，向世人讲述着远去的血雨腥风和沧桑岁月。

八景情怀

山孕水，水育山，山水相依，方是人间最美的风景。山是大地的骨骼，水是大地的脉络；山显万物之精神，水育万物之灵性。有山有水的永善，历史悠久、善行永远，乃一方资源富集、天宝物华之地。

清《嘉庆永善县志略》记载，永善八景为：五莲奇峰、西山瀑布、回龙积雪、金江石虎、太乙仙踪、凤池龙门、白袍鱼跃、金锁重关。八景各以其地理特征或典故而取景名，自古文人墨客多有诗词赞美，一个个富有诗意的名字令人心驰神往。

五莲奇峰。位于五莲山脉中部，紧贴莲峰旧城，海拔2561米，因山脉起伏迭变，五峰列峙，状似五瓣莲花初绽而得名。当白雾萦绕山腰，远望莲峰，若一朵闪耀绿光的带露莲花，巍然屹立中静守一份安谧。古人有"五峰排比插云中，荷花不裂四时风"之赞誉，将"五莲奇峰"列为八景之首。

西山瀑布。西山在城西（莲峰旧城）数里，峭崖壁立，春夏之交，山花烂漫，雨洒丛林，瀑水自斧削的千尺陡壁跌落，飞珠溅玉，有"飞流直下三千尺，疑是银河落九天"之撼，蔚为壮观。昔有古人建草亭于其下，每逢盛夏，游人涌至，无不驻足眺望，寄诗

白沙大堰（黄华甘田）

咏叹。

回龙积雪。回龙关在金锁关西北，处今务基镇回龙村境内。其关山势盘旋，起伏如龙，冈峦起伏，俯临金沙江，冬季常积雪，色白如银，晶莹如玉，三冬积雪初夏始消，故名回龙积雪。有诗《回龙积雪》赞曰："江岸巍然矗巨峰，盘旋起伏势如龙。滇南竞说苍山雪，此处银屏更不同。"尤其是当一轮明月高悬，清澈的光芒普照群山时，更加光采夺目，

簸箕天（务基）

永善"红旗渠——青胜大堰"

引人入胜。

金江石虎。金沙江南岸，江中有大石一块，十余丈，形如虎样，端立高峻，水因石激，波浪沸腾，土人以金江石虎为一景。民国疏理河道被毁，今无遗迹。《金江石虎》诗云：狰狞怪石蹲江浒，几误将军饮羽弓。忽睹惊涛汗欲雨，如闻怒吼啸生风。劈矶疑有负隅势，探穴难施决泗功。安得逖顽俱尽格，从歌利涉往来中。

太乙仙踪。佛滩新春南部的木鱼山，海拔2840米，面积5平方公里，以山顶形似木鱼而得名。山高险峻，鲜有人迹，走兽颇多，古时山上有太乙庙，故名"太乙仙踪"。

凤池龙门。位于永善分县副官村（今绥江县）。旧志记载，副署之东，凤池坝下金沙江边有三清庙，其"楼阁之影倒映波中"，

鱼游其处，如过龙门之象。

白袍鱼跃。又名"鱼桥洞"，副官村西南十五里有白袍殿。"殿侧有崖，崖下有溪，每逢盛夏，崖水瀑布而下，溪鱼溯回而上，游人多聚观焉。"胜景吸引附近孩童、八方游人相约而至，其乐融融，沉醉其中。

金锁重关。在黑铁关西北四十里，即今黄华镇金寨村境内，为古县治关隘。关隘两旁竹木森翠，犹如碧波翠浪，岩谷幽深，峻岭重重，望之巍然天际，横锁金沙江。

时光流转，光阴荏苒。浸润峡江山水的"永善八景"，历史更迭间濡养多少永善儿女，挥洒淳朴的古风遗韵。有的景致踪迹难寻，只能触摸历史典籍中那些湮没的脉搏，有的美景依旧，让人触景生情，一次次探寻触动心弦的秘境……

壮美金沙江

飞翔的金沙江，在苍茫雄浑的大凉山与乌蒙峡谷间一路纳山泉、汇溪流，流淌千古风流万载豪情而来，用她的缠绵和热

金沙江

❶ 铜运古道上十八险滩之一
❷ 黄华第一湾
❸ 金江激浪

③

情滋润着永善这片古老而厚重的土地，孕育别样风景，滋养壮美山川。

金沙江自古被称为"金河"，源于这样一个说法："涨水漂木，枯水行船，不涨不枯淘沙金。"涨水季节，"金河"常漂满木头，"传说木头一直顺长江和运河漂到京城，用来建皇帝的宫殿"。

码口镇新民村木跨组，一座黄泥灰瓦的土堡抢占附近的制高点，土堡下峡谷的一处荒草丛中，斑驳的石碑赫然显现："江南徽州府谢义盛，雍正十年（1732年）十月立。"传说与碑文对证，荒野的石碑，背后竟是一段水运名木驰援皇家建设的历史。

行走金沙江畔，寻觅久远的历史和豪迈的风情。马家河坝，凝视远眺江心的"鲤鱼石"，栩栩如生的"鲤鱼"神情悠闲，俨然悠游于绿波之中。相传，很久以前，东海龙王领着小女儿锦岚公主千里迢迢巡游到金沙江，偶然遇见了桐花王子，两个青年人一见钟情。一天晚上，他们背着龙王到金沙江边的码口溶洞地下长城约会。但因路途遥远，水急滩险，锦岚公主刚到溪洛渡天就亮了。龙王得知后，勃然大怒，将锦岚公主

❶ 金沙江上的溜索
❷ 金沙江的年轮

贬为庶民。为了与心上人相见，锦岚公主化作一条鲤鱼，继续逆流而上。锦岚公主被不顾亲情的龙王点鱼为石，以游动的姿势，永远伫立在溪洛渡马家河坝的金沙江中。当守望中的桐花王子得知锦岚公主的遭遇后，悲愤欲绝，投江自尽，也在码口的回头湾化作了一尊伫立江中的"鲤鱼石"，留下一个凄美感人的爱情故事。有墨客骚人留下诗章："紫烟岚气卧江汀，谁识当年锦绣身。一点灵犀通海国，十分幽意下塞层。玉簪横亘星河恨，王命难分水府情。化石弥坚期许志，九重潮涌倍销魂。"

依江而生，面江而美，一幅美妙、和谐的自然美景映入眼帘：在两岸苍翠、翠木林立、惊涛拍岸的峡江两岸，浩浩荡荡的金沙江被阳光濡染成金色的带子，灼灼闪耀黄金的色泽，给群山增添无限动感美。

金沙江素以水流湍急、险滩密布而著名，离江面不高的悬崖峭壁上，镶嵌着许多弯弯曲曲的栈道，在永善段断断续续绵延百余公里。

❶ 金沙江上的铁索桥
❷ 金沙江风雕石

临江而凿的栈道，其作用在于供纤夫拉船、旅客行走、通商往来、军事行动等，这些栈道凿于绝壁之上，绵延峡谷之中，下临滔滔江水，行走其间，令人不寒而栗。

悬崖边、激流里，纤夫们喊着号子战险滩、斗恶浪，匍匐行走于栈道之间，留下了许多悲壮的故事。机械文明未出现的年代，江上行船均靠人力，逆水行船全靠纤夫拉船，令过往船只"谈滩色变"。这些历经沧桑的栈道，犹如一幅幅历史画卷诉说着过去，也折射出先民们的智慧和勇敢。

金沙江两岸阳刚雄壮的群山不安现状，与水接触的礁石上布满无数奇形怪状的纹路和造型，纹路一致向着水流的方向倾斜，大大小小的孔隙像是文字布满礁石，写满了水的流淌历程。千姿百态的皱纹和裂痕深深浅浅一致顺从着水的节拍或舒展，或蜷缩，或扭曲，或温柔，或凶悍。

这些被江水冲刷了亿万年的古河道和人类文明历史遗迹的

❶ 夕照金江
❷ 高峡平湖

古栈道将永远地沉入江底，所有险滩都将不复存在，千百年来两岸人民望江兴叹与之搏命抗争的历史将到此结束。未来掀开的是历史崭新的一页：高峡平湖，碧波荡漾，千吨巨轮自由来往；两岸青山绿水，锦绣村庄，将会呈现一番崭新气象。

高峡出平湖

雨后的清晨，走进金沙江畔，张开双臂拥抱自然，阵阵湿润的江风掠过脸庞，凉爽的感觉顿时弥漫周身，舒适至极。掬一捧甘甜的江水，任江水濯洗倦容，循着思绪的隧道，让灵魂走进青山，畅游绿水，一幅浅墨渲染的山水画自心中缓缓铺展开来。

宽阔的湖面碧波荡漾，黛青色的山影倒映水中，一阵江风吹来，泛起层层涟漪，阳光从云缝中倾泻而下，洒向金沙江，湖面顿时闪耀万点波光。渡船缓缓启动，向碧波粼粼的江心加速行驶，两侧翻卷白色的浪花，船尾拖曳出长长的波纹。窗外，两岸青山相对而出，群峦接踵比肩，在迷蒙的烟岚中，山崖若隐若现，忽而露出一角嶙峋孤青，仿佛利剑挑破薄纱轻雾，峻峰容颜顿时展露无遗。

溪洛渡峡谷深处，但见两侧峭壁高耸，直插云天，群峰竞秀，金沙江宛如一条硕大的翡翠项链盘绕山涧峡谷，闪动高贵的气韵，不时有成群的白鹭舞姿翩跹，宛如白云轻盈地掠过湖面，又迅速融入青山绿水的怀抱，令人有置身于世外桃源之感。

壁立千仞的对峙悬崖，好似巨大的天堑石门，任凭江风吹打、绿涛拍岸，兀自巍然屹立。那风骨嶙峋

的水墨崖壁，如画如雕，历经风雨洗礼，仿佛如椽巨笔墨色酣畅，点染无限的水墨风情。阳光照射下，一幅幅精美绝伦、气韵生动的画作涌入眼帘，呈现千姿百态的灵动与生机，船进景移，目不暇接。

金沙江畔虽没有傲视群雄的高峰，但山谷间深藏众多的百丈飞瀑。正值雨季，转过一道湾，忽闻水声轰隆，似有千军万马呐喊，只见一道白练似的水流积蓄力量，如玉龙纵身飞下山崖，猛然撞击棱角分明的岩石，顿时万斛珍珠抛撒，喷珠溅玉，阳光照射到水雾上，绚丽灿烂的彩虹倒挂其间，让人深深感染和陶醉。

逆流而上，当船至务基镇青龙村时，狭窄的江面顿时开阔起来，

❶ 朝阳神韵
❷ 湖光山色

水流悠缓，波光粼粼，江畔新村林立，一片炊烟袅袅景象。目光所及处，绿意盎然的果树，骄傲地植根于荒芜的土地，躬身的树梢挂满沉甸甸的金色硕果，空气中弥漫着馥郁的果香，丝丝香甜沁人心脾。

　　隐于青山深处，藏于绿林之间的屋舍，正襟端坐群山的肺腑，鸟瞰着村庄的芸芸众生，护佑一方百姓，春种秋收，生儿育女，婚丧嫁娶……透出一片安静祥和的景象。

伫立凉风习习的江畔，糖汁里的村庄静卧甘蔗林，一丛丛甘蔗如兵戈傲立，戟指苍穹，尾梢随风摆动，似碧涛滚滚翻卷，发出哗哗的声响。民间简易的榨糖作坊里，村民用巨石抑或现代机械碾榨出浓浓的蔗汁，再用热烈的炉火熬煮成糖，乡野处处弥漫蔗糖的甜香，引人馋涎欲滴，回味无穷。

❶ 团结大毛
❷ 大兴

石板上的村庄守望峡谷春秋，萌生袅袅炊烟挽留滔滔大江

和高山流云。质地坚硬的玄武岩上,线装书似的老屋错落排列。这里的人家,与江水为伴,以石盘为家,在远山近水中洗涤时光的尘埃,倾听厚植大地的传说和故事。近在咫尺的江心岛,与石盘遥相呼应,互诉衷肠,极尽缠绵之美。

靠山吃山、靠水吃水的乡亲,享受五莲峰山脉的恩惠,接纳金沙江水的润泽,胸中自有万壑千岩,无论行至何方,心中始终镌刻有故乡的烙印,记忆深处总抚摸梦里的村庄和青山,胸怀大山大水一样的铮铮血性。

记忆中巨石兀立、激流咆哮、险滩遍布的凶险沉睡江底,金沙江收敛桀骜不驯的秉性,变得优美而秀雅。那些江风抽打的纤夫号子、激流冲刷的江畔页岩……一一被高涨的湖水吸纳进坦荡的胸怀。

持一柔轻橹,携一抹山黛,湖光山色的倒影,涟漪成一幅清婉的水墨画卷,珍藏在时光的舟楫里,远离了尘世的繁杂,隐在湖水深处,峰峦叠嶂越梦而来已是蓬莱绝唱。

云雾缭绕金沙江

建设中的溪洛渡水电站

世界溪洛渡

汹涌澎湃的金沙江，如蜿蜒的巨龙，在崇山峻岭间桀骜不驯地穿行。

滇川两岸的山，相约对峙，不动声色地将金沙江水束成绵长的飘带。

溪洛渡，金沙江下游，川滇两省交界的一个小渡口。这里山高云低、峡谷绵绵、地势陡峭、激浪滔天。溪洛渡原名溪落渡，是一自然地名，位于云南省永善县农场村东部井底河汇入金沙江的人工摆渡处，与四川省雷波县白铁坝乡新盛村中兴场隔江相望。早在清朝时这里便有木船摆渡，滇、川两省过往行人依靠木船渡江往来。据《永善县地名志》载："溪落渡，位于农场乡东部，金沙江横渡，木船，载重量15吨。以江边溪落渡村得名。"

关于"溪落渡"地名的由来，民间有传说：相传清朝时，

溪洛渡大坝

有一清军军官与妻子从溪洛渡乘木船过江，船至江心遭遇江水暴涨，其妻不慎跌入水中，顷刻间被汹涌澎湃的江水吞噬。军官欲救不能，捶胸顿足，悲痛之余直呼"妻落渡"，后人谐音称作"溪落渡"。

当地人还有一种说法是，右岸永善县农场境内的井底河，九曲十八弯至金沙江边，溪水从悬崖飞流直入江中。左岸雷波县白铁坝乡新盛村有一条溪水沟叫杨家沟，沟中溪水从村边的悬崖飞流直下坠入金沙江中，两岸溪水坠江之处恰好在木船摆渡的渡口，人们遂称渡口为"溪落渡"。

一个经风历雨的渡口——溪洛渡，一颗闪耀质朴光芒的峡江明珠，聚焦了水电人睿智的目光。20世纪50年代初，一队勘测队员发现了这里，从此，这个小渡口的名字逐渐孕育、演绎、远播，成为一座巨型水电工程梦升起的地方。中国著名水利水电工程专家、土木工程学家，中国科学院、中国工程院资深院士潘家铮曾改写南宋爱国诗

人陆游著名的《示儿》一诗以表心声："死去原知万事空，但悲西电未输东。金沙宝藏开工日，公祭无忘告逝翁。"成为众多水电人迫切的心声，大家纷纷为溪洛渡工程的早日上马奔走呼吁。

溪洛渡，像一轮喷薄而出的旭日，在新世纪的地平线上冉冉升起。一个世界级巨型水电站，在这里拉开了建设的序幕。2002年9月，总装机容量18台机组1386万千瓦的溪洛渡电站经国务院批准立项。2003年8月筹建工程启动。2005年12月正式开工建设。2014年全面建成投产。溪洛渡水电站的建成，标志着我国自行设计建造的第一座300米级"数字化大坝"建成，它是中国电建的巅峰之作，是中国坝工史诗般的时空穿越，是三峡之后"中国梦"的缩影。

资料显示，溪洛渡电站按其发电规模应当拥有三个全国之最：大坝最高、移民最少、效益最佳；溪洛渡地下厂房是目前世界已建最大规模的地下洞室群，在不到一平方公里内有近百条洞室纵横交错，有"地下迷宫"之称。

走进溪洛渡，领略一下当年大坝工程建设沸腾的场面吧！五台缆机拉起五条缆索，如巨大的五线谱，飞越大峡谷；一罐罐混凝土在坝块群中滑动、穿梭，像跳动的音符；仓面上弧光闪闪、马达轰鸣，大坝如雨后春笋，日新月异。

溪洛渡水电站左、右岸共设置四条泄洪洞，为目前世界上洪洞工程

溪洛渡水电站大江截流

之最。每当泄洪时,金沙江便出现一幕猛龙过江的景象。银白色"巨龙"依次跃入江中,远远望去,其壮观胜似银河落九天。其声,有雷霆万钧之势;其形,则变化莫测。时而如游龙戏水,时而似二龙戏珠,时而像三龙争霸,腾起的水雾在江中弥漫,在阳光的照耀下,一道彩虹跨江而卧,时隐时现;早上在左,傍晚居右,变化万千,令人目不暇接。

溪洛渡电站,拥有世界上最聪明的"大脑",获得素有国际工程咨询领域"诺贝尔奖"之称的"菲迪克2016年工程项目杰出奖"。赢得菲迪克"芳心",溪洛渡电站靠的并不是"肌肉",而是"最强大脑"。

世界巨型工程溪洛渡水电站,一部钢性的科技杰作,一座钢铁水泥之坝,以雄伟壮丽的身躯矗立金江峡谷。巍峨乌蒙山,苍茫大凉山,如两只巨手弹奏出建筑壮歌回响滇川两岸,化为无穷电力驱动中国经济腾飞!

古往今来,金沙江被誉为天然屏障。70多年前,红军北上抗日巧渡金沙江,为西南大地带来黎明的曙光;70多年后,中国水电人在溪洛渡谱写水电建设的壮丽篇章,为华东大地点燃万家灯火。溪洛渡水电站以移民搬迁最少、单位投资最小、场内交通最长、拦江大坝最高、地下洞室群最大等多项水电之最,创

造了世界水电史上的奇迹!

来自五湖四海的水电人,用直线的刚劲和曲线的柔情,用力与美的元素,铸造285米的双曲重力拱坝,1386万千瓦的能量以雷霆万钧之势,把溪洛渡推上了世界第三的宝座。站在三坪观景台,电站工区尽收眼底,咆哮的金沙江被拦腰斩断,驯服地从导流洞绕道而行。

从那以后,野性的金沙江收敛起桀骜不驯的脾性,变得优雅秀美。高涨的江水,将把漫泡纤夫风骨的号子和暗礁险滩一一收藏。从此,高峡平湖,美景如画。溪洛渡峡谷,俨然一位超凡脱俗的仙子,妩媚动人。狭长的湖泊安然静卧在大山的怀抱里。当风平浪静的时候,湖边的山、山间的树、树梢的云,倒映在明净的湖面,一派"鱼在枝头鸟在浪"的美幻意境。

徜徉绿色的画廊,两岸群峰对峙,翠竹轻烟,幽泉鸣瀑;湖面碧波荡漾,几点红帆,两行白鹭,万点波光。漫步溪洛渡电站坝下,拔地擎空的大坝,气宇轩昂地盘踞在苍穹之下。江水在坝外汹涌澎湃,似巨龙腾空飞翔!阳光下,七色彩虹挥洒峡江两岸。

溪洛渡,以奔腾不息的金沙江作琴弦,以巍峨的乌蒙山和苍茫的大凉山为双手,在高山大川间弹奏史诗般雄浑的乐章,以博大的胸襟,唱响一曲震惊寰宇的壮歌。

已建成的溪洛渡水电站

高原仙境：梦幻如诗的人间天堂

> 行游神秘的高原，感受山之伟岸、水之灵动、云之缥缈。在如诗的天籁里寻找原始的野性，在苍茫的皎洁中净化喧嚣的灵魂，在纯净剔透的淡泊与宁静里轻轻拥抱梦境高原，书写生命的壮丽历程。

明子观景

金沙江畔，一座形如屏风的山峰横卧溪洛渡口，据说过去此山广种松林，人们取松照明，久而久之得名明子山。站在前临大江、后依小河的明子山巅，但见江涛拍岸，山如叠嶂，水如佩玉，城市如歌。你会依恋，你会憧憬，你会骄傲，你会热血激荡，朵朵涟漪激荡起心中对于美景的无限向往。

这里可全览溪洛渡风景，云川两岸白云飘飘，万紫千红映衬她的身影。山腰，两棵茂盛的古青冈树坚强地立于崖上，一条水渠穿崖流来。蜿蜒碧绿的金沙江和对岸四川的诱人风景，让人忍不住驻足观赏。平眼望去，雄壮宏伟的溪洛渡水电站大坝让人叹为观止，远处雨后天晴的云彩犹如一幅山水画。

明子山崖高坡陡，一度道路难走，交通极为不便，"山上的人难下来，山下的人难上去"，唯有宛如云梯的陡峭山路维系着村庄与外面的世界。勇敢的明子人，用双手开辟出一条蜿蜒曲折的羊肠小道。顺着陡峭山崖扶摇直上，一眼望去，头晕眼花、胆战心惊，

❶ 明子山"圆树子"
❷ 明子村新居

令走惯坦途的人望而却步，只有勇敢者才能征服它。

如今，越来越多的人卸下忙碌的疲惫，轻装攀缘在修葺一新的栈道上挥洒汗水，怀着满腔虔诚，步着前人的足迹，遥想着先人们当年的生存艰辛，感受着山野漫步的美妙。

俯瞰溪洛渡畔、马鞍山脚的秀美小城，空气里弥漫的似梦似幻的霓虹灯影，勾勒出道道绚丽而浪漫的夜色，让川流不息的生活慢下来，让忙碌浮躁的内心静下来。小城披一身流光溢彩的五色羽衣款步而来，那火树银花不夜城的景色，在迷人的晚上，撩动了多少心驰神往的心灵？

那些默立的路灯站姿笔挺，睁开炯炯有神的亮眼，时刻呵护着这座江畔小城的安宁。

放眼望去：高山下的拦河大坝恰似一块璞玉镶嵌在金沙江水面上，峡谷里的薄雾如轻纱一样缥缥缈缈；夜幕降临时，一串串路灯微微闪烁，像一条巨龙，盘桓在山涧江畔，十分迷人。

飒飒山风中，青翠的紫油树，苍劲的青冈树，相互映衬为"圆树子"，反复弹奏着风与叶的歌谣，慢慢飘向远方，我似

鸟瞰溪洛渡水电站

乎还听见了绿涛拍岸的声音,将内心的不快化为一江碧水,飘向远方。

云上马楠

万亩草场、云海奇观,是马楠的一道独特风景线。

夏秋雨后,日出或落日时的"霞海"蔚为壮观,"云上马楠"成为游人和摄影者趋之若鹜的绝佳观景、摄影胜地。

清晨的阳光,沐浴着缥缈苍茫的云海,不远处的连绵起伏高原山脉渐渐显露,巍峨雪山没上云端巍然屹立于天地之间,犹如一个个巨人守望在西南大地之上。蔚为壮观的神奇美景,令人无尽惊叹的同时内心充满敬畏,敬畏山川之宏伟,大自然之美妙。

俯瞰山川云海、雪山高原所带来的震撼无以言表,必将永远镌

刻在我的记忆深处，无法忘怀，永久回味。缘何取名马楠，据《永善县志》记载，光绪二年（1876年），一名叫袁英亮的外地人搬到这里来居住，开了一马店，用木桩拦马而得名"马拦"，后以谐音雅化为"马楠"。百年之前的马楠，系原始森林，属针叶林、阔叶林，主产楠木、华竹和杉，故古名为杉树林。

　　游走马楠，螺旋式的公路随山势不停地攀升，温润撩人、毫无骨感的氤氲之气，汇聚成纯白的雾海。车在雾中穿行，车进雾退，扑朔迷离，神秘之极。迷蒙雾色中的公路，仿佛一条游踪不定的飘带，不离不弃地缠绕着山岭。

　　风，萧萧依旧；雾，变幻莫测。

　　浓醇如酒的雾，是大自然匆匆的过客。当阳光刺破天宇，它便消失得无影无踪。阳光，成为君临山野的王者，恩泽万物！

　　马楠山，就是这雾海中的仙山。

马楠高原

❶ 山村夕照

❷ 牧归的羊群

它犹如群山的肺腑，坐落在目光来不及拐弯的地方，像一位拨开迷雾的长者，娓娓诉说潜伏于高原褶皱里的那些村庄的变迁。马楠的村庄，漂浮在薄雾之中，仿佛谜一样的仙境。

攀缘而出的旭日，袒露金黄的胸襟，尽染湿润的山峦，目力所及处熠熠流淌着金银的质感。那山，那云，那缤纷的霞光，使人缥缈如仙，如履浮云，如临天界……

马楠的山峦、峰岭，唇齿相依，逶迤错落。它们以集体主义的方式并肩而立，就像一幅淡妆浓抹总相宜的画卷，让人沉醉于水墨渲染的迷境长廊。

空旷宁静的草地，偶尔飘过牧人的轻吟，那歌声在风中飘浮、在心里游荡，轻盈地掠过蓝蓝的花朵和嫩绿的草原。随波逐流的羊群、姿色各异的花草，仿佛灿烂的锦绣从上帝的庄园倾泻而下，快速而神秘地铺展，一直撒满广袤的高原。

雪落马楠

马楠暮色

在马楠山的高山草甸上，翩翩起舞的苗家妹子和手持芦笙的男人，用花枝招展的舞姿、用铿锵轻灵的芦笙音乐、用真诚洒脱的性格，表达对生活的激情。他们用力量与温柔，雕琢民族的图腾，滋养千家万户。

这里的苗家寨子，喂养了热情奔放的歌舞，传承着多姿多彩的风情，演绎着经久不衰的婚俗。花山节的夜晚，迷人、神秘。西山火红的霞光还没谢幕，动人的情歌和缠绵的爱意就在苍茫的暮色里展开。情投意合的恋人们，一双双缘分的手紧紧握在一起。

它来时寂静无声，风起云涌，铺天盖地，气势磅礴，无法阻挡，使一切变得虚无，变得缥缈，梦幻无穷。去时，说走就走，如水退潮，一落千里，干净利索，毫无眷意，还万物于本来面目。

云雾，倏忽稀薄得像一层青纱，让人隐隐约约能看得见起伏山体被云雾簇拥托起，仿佛是海中升起的蓬莱仙阁，虚幻缥缈，演绎出美妙动人的景色。

阳光、草地、云海、山峦、芦笙、恋歌……

高原精灵黑颈鹤

永安湿地

湿地、黑颈鹤,以及漫山遍野色彩缤纷的洋芋花、苦荞花……构成一幅天造地设的水墨风景,画里画外散发沁人心脾的芬芳。走进茂林,就走进了一个五彩斑斓的世界。

绿草和鲜花点染的湿地是地球的肾脏,温软细腻,如母亲柔软的胸怀,隐隐跳动着大地深处的脉搏,岁月更替中,用宁静默默诠释挥之不去的似水柔情。走进永安湿地,尘嚣围困的心魂,就像被山泉洗过一样洁净。

春夏时节,湿地四面蔓延的长条细叶,惹眼,招摇,却并不单调。那突兀而起的花株,有醒目耀眼的金黄,有赏心悦目的粉红,有四向斜插的瓦蓝。它们姿容俊俏,仪态万千,羞涩地翻卷着嫩白细长的花柱,轻盈地舞动着春天的旋律。

5月永安,杜鹃花漫山遍野绚烂绽放,千姿百态、艳丽多

彩、粉墨相宜、一气呵成,让人迷醉。车从弯弯绕绕的山路一路行走,一坡坡,一片片,一株株,一丛丛让人目不暇接。

永安的杜鹃,壁立山丘,迎风摇曳,悠然自得;身居山野,争奇斗艳,娇态含羞。她有时高达数丈,临空欲飞,仙女散花;有时矮不盈尺,席地而坐,伸展自如;与草坪、奇峰、云瀑浑然天成,相映成趣,她们花开花落横贯春夏两季。

躺在厚厚而绵软的草地上,花香和青草的芬芳扑鼻而来,舒展世俗压缩的灵魂,解开思想的缰绳,扬鞭策马在草原上驰骋,生活的疲惫,尘世的喧嚣……所有的恩怨情仇此刻全都荡然无存,悠然间有一种难以言状的超然感,只觉天矮下来,花草高起来。

走过湿地,独处高原深闺的海子,明眸善睐,顾盼有情,刹那间便会捕捉凝视者的灵魂和心智,骚动的情愫早已如花蕊绽放。没有喧嚣侵扰的湖泊,如清澈的明镜,将阳光和山峦、牛羊和牧人,收藏在自己湛蓝的心底。

"来不过九月九,去不过三月三。"秋冬时节,世界唯一的高原精灵——国家一级保护动物黑颈鹤,带着青藏高原的灵气,飞越万水千山,如约而至永安。派克兹湿地便有了灵魂和生气,有了恒久不衰的魅力。顾影自赏、闲庭信步的黑颈鹤,或引颈高歌,或梳洗情体,或展翅飞翔。

永安湿地

大兴渡口

黑颈鹤前颈及上颈腹面披以黑羽，属高原鹤类，与大熊猫、朱鹮比翼齐名，全世界数量不超一万只，属国家一级重点保护动物，堪称鸟类中的"熊猫"，被国际鸟类红皮书和濒危物种国际贸易公约列为重点保护对象。黑颈鹤在世界五大鹤种中，是被动物学家认识最晚的一种鹤，直到1876年才被俄国科学家在青海第一次发现。

南高原的上空，成群的黑颈鹤翩翩起舞，那洁白的身躯，舒展的双翅，优美的长颈和长腿轻画着曲线，宛如舞姿优雅的芭蕾舞者尽情在湿地舞台上表演，清逸潇洒的风姿露出超凡脱俗、从容高贵的气质，当地人虔诚地敬奉其为仙鹤、神鸟、吉祥鸟。

"问世间情为何物，直教人生死相许"，黑颈鹤美丽而忧伤，常常相互依偎，交颈缠绵，它们宽厚的翅膀为爱情而翩跹，为子女挡住寒冷和冰雪，营造出家庭的温馨。它们在广阔的天地间飞飞停停，在灵异的山水间引颈高歌。它们始终遵循着"一夫一妻制"，一雌一雄终身相伴，一方死亡，另一方就会为对方厮守终身，孤独终老，绝不另寻新欢。

棋盘胜境

金沙江畔的大兴镇，西南部有一大山，山势陡峭险峻，山顶有巨石酷似象棋棋盘。

传说古时一牧人常常到此山放牧，总见俩白须银发、仙风道骨的老翁于山顶谈仙论道、对弈下棋。一日牧人攀扶至山顶观棋，忽然周遭云雾缥缈，群峰浮隐，风光循环往复。棋盘边放有鲜桃数枚，棋者相继吃桃；牧羊人亦觉肚饥口馋，拾残桃又啃。忽眨眼不见老人，天然棋盘犹存。牧羊人下山，羊不知去向，牧鞭早已腐烂，村庄景象全异，棋盘山因此而得名。

唐刘禹锡《陋室铭》："山不在高，有仙则名。水不在深，有龙则灵。"棋盘山自然风光独特，每逢夏秋季节，绚丽的霞光、洁白的云雾照耀、抚摸着崇山峻岭，俨然一幅若隐若现的仙山琼阁图，潺潺流淌着淡泊高远、超然物外的壮美。

"会当凌绝顶，一览众山小。"海拔2820米的棋盘山，雄伟壮观，气势磅礴。晴朗之日，登上高耸入云的棋盘山顶，俯目四望，只见湖光山色尽收眼底，座座村落一览无遗，向南可眺望乌蒙山腹地的昭通城，向西可鸟瞰大兴全貌及四川金阳等地，是名副其实的大然观景台。

文人墨客有诗赞曰：

仙子对弈成佳话，硕峰傲首绽奇葩。
若论千年凌云志，且把万载放光华
擎天一柱染青绿，笑靥两边生彩霞。
携手群峦舞大地，碧江玉练孕金沙。

山巅对弈落子声历久弥新，随晨风而起，伴朝阳而生，聚月色而浓，依群山而起，偎树声而伏，实为一处极其精彩、充满神奇的秘境。

棋盘之巅，一台台高大的钢铁卫士坚守高山之巅，那些高低错落不断旋转的风机，恰似水上翻飞的白色蜻蜓，欲上蓝天，云蒸霞蔚，与身后绚丽的自然景观交相辉映，构成了一道甚为壮观的风景。

山为骨骼，水是经脉，山水给予村庄灵性，村庄赋予山水生气。栖于棋盘山脚、静卧金江之滨的驿马沟，犹如一山之浓绿，一水之清幽，

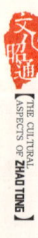

棋盘山

棋盘山

古朴中透出一缕宁静祥和之美，不因外界过多的纷扰而改变自身的容颜，传统村落的生命在乡民的守望相助中历经时光的沉淀而始终如一。

驿马沟中或毗邻而设，或素然独居的老屋，携带岁月的古朴色泽和风霜镌刻的遗痕从历史深处姗步而来，仿佛一首首歌谣被群山之轻轻吟诵出久远的回音。村庄怀着一袭素雅和宁静，包容着丰收，包容着风雨，包容着离她渐行渐远的亲人。

驿马沟里隐藏着生动的故事，一张张鲜活的面孔，一个个生动的故事，一段段经典的传奇，穿越漫长的历史河流一路走来。总有一个让历史反复诵记的姓氏，总有一个让后人不断触及的院落，储存着经久不衰的温暖往事让人反复回味。

群山环抱的村落中，端坐着一座保持古朴风韵的传统土木结构四合院，该四合院始建于民国二十九年（1940年），是国共双中将——曾泽生将军的故居。四合院坐落于驿马村山脉平坝，坐南向北，背靠棋盘山，俯临金沙江，北望大凉山，东西山有形似骏马奔腾图案，东侧有巨型"石柜"（大石），相传此中藏有兵书，大门前十米处有"石钟"。故居由碉楼、炮楼、正厅、东西厢房、下厅（戏楼）、穿廊、厩房、灶房、磨坊、柴房、围墙等组成，建筑具有典型的民国四合院土木建筑特点。

每当驿马沟的稻田里注满清水，那盈盈的一畴清水宛如明镜，映照高矗的棋盘山景。山影粼粼，水波涟涟，山在水中倒映，水在山中壮美，山水相依相融，一派诗情画意的景致如此浑然天成。

壮美雄奇的山水，总引人入胜。2016年，来自美国、澳大利亚的4名世界级顶尖翼装飞行员，兴致勃勃来到大兴，饶有兴致地玩起了一次惊险、刺激、美妙的翼装试飞行动。他们从悬崖绝壁上一跃而下，纵身飞越千米峡谷。三分钟后，均稳稳降落在预定的地点，棋盘山从此声名鹊起，享誉四方。

自然奇观：心驰神往的旷世神话

> 探秘鬼斧神工的地质奇观，行游树木蓊郁的原始森林，在这方瑰丽的仙境里，厮守一片久远岁月的风景，聆听流水淙淙的天籁音韵，享受自然潜移默化的熏陶，奇异的山水让烦恼顿消，找回心灵的安宁和富足。

码口溶洞

牛郎织女的亘古爱情，从蛮荒穿越亿年时空，驻足绝壁千仞一线天隔河相恋。相传两洞原为一洞，经碗箩沟水锲而不舍的冲刷，拦腰切断为今日的牛郎、织女洞，洞内规模宏大的"地下长城"令世人叹为观止。

磅礴乌蒙，丽水金江，忍受着亿万年岁月的侵袭和时光的冲刷，在千万年的演变与大自然的鬼斧神工里，码口溶洞，默默经受着地质的裂变与风化，呈现在世人面前的是一幅美丽而迷人的花屏，逐渐形成了极其标致的千奇百怪的岩溶。

山峦沟坎间隐藏着22个溶洞。这些溶洞，或临清溪，或处绝壁，有的须匍匐而进，有的要潜水而入，洞中景观都保持着原始风貌。现今发现的20余个溶洞中，最为神奇绝妙的当数牛郎、织女洞。

牛郎、织女洞一水一旱阴阳搭配，南北走向，距金沙江边不足百米，面积在15万平方米以上，洞长近万米。地质结构属奥陶系，

已有 4.5 亿年高龄，和二叠纪同属于一套地质系统。两洞原本为一洞，经流水千万年长年冲刷，硬生生地把牛郎、织女洞拦腰切断，形成如今的"牛郎洞"和"织女洞"，造成两峰对峙，两洞隔河相望，绝壁千仞一线天，山泉从落差高达上百米的夹缝中喷涌而出的绝妙景观。

牛郎洞，位于码口、新民两村交界处，距金沙江数几百米。全洞分为三段：上段为神秘的"蝙蝠王国"，中段为奇丽

❶ 溶洞奇观（码口）
❷ 码口溶洞

钟乳石（码口溶洞）

的钟乳石"森林公园"，下段为有趣的"水下博物馆"。上段寄居着成千上万只蝙蝠，这些蝙蝠大团大团地簇拥在一起，蔚为壮观。中段为美丽的钟乳石"森林公园"，十分壮丽。这些"钟乳石树"高大茂密，特别粗大，四五人牵手也围不拢，有的拔地而起，高达十余米；有的从顶端垂悬而下，上下交织，钩心斗角，错落有序。这些钟乳石形态各异，有的如千年古杉，有的如兵马俑，有的如盘旋蛟龙，有的如凤凰头孔雀尾……当然园里还有小"桥"流水，景物迷人，让人流连忘返。下段有小溪，汇聚为一个个碧潭，清澈见底，众多碧潭形成有趣的"水下博物馆"。水中景物红的似珊瑚，绿的像翡翠，白的如玉石，黄的同琥珀。像鱼、像蛙、像鸟、像花者，更是不计其数，栩栩如生，妙不可言。

织女洞，此洞就在龙宫洞的对面，相距只有数十米。两洞原为一体，只因顶上的巨大洪水常年刨刮，终于将"顶"揭开，从此便一分为二。洞深七八千米以上，高、宽十几米、几十米不等，拥

① 页岩层（码口溶洞）
② 神奇的地下溶洞群（码口）

有牛郎洞那样的气势磅礴。与牛郎洞极不同的是有股粗大的泉水轰隆隆伴洞而行，显得阴森。洞内空气清新，喝一口冰冷的泉水，爽心润肺倍感舒服。入洞不远，不由得让人惊呆：两侧洞壁完全是由一层又一层的巨大石板堆砌而成。这一层层巨大石板，厚薄均匀，砌得整整齐齐，十分规范，有如城墙。再仔细看，这哪是巨大石板，分明是沙和水泥的混合物——"水泥大砖！"高大的"水泥城墙"整齐规范，前不见头，后不见尾，仿佛人工建造的"地下长城"。

凝视鬼斧神工的地下宫殿，你会倾注一份醇厚的感情：痴坐庞大的天然石厅，回望形态诡秘的造型地貌，聆听流水淙淙的天籁音韵，留念每一道奇景。在这美丽的仙境里，会使人烦恼顿消，胸中装满了这奇异的山水，守着一片久远岁月的风景，享受大自然潜移默化的熏陶，你会找回心灵的安宁和富足。

溶洞奇观，齐聚码口溶洞，有道是：不游溶洞，枉到码口。

绿染三江口

携一腔飘逸的诗情,踏一路盎然的青翠,鸽子花御风飞翔,水晶兰晶莹剔透,筇竹林嫩笋飘香,寻找根植于心中的净土,就这样毫不掩饰,也无须遮拦地融入原生态的自然福地,让苦结的身心与灵魂诗意地栖居于三江口。

三江口没有江,更不是三条江交汇之处。中华人民共和国成立初期,因此处有3座尖山和紧邻的3个大山垭口而得名"三尖口"。1974年,因社会各界支援永善团结大地震灾区,"三尖口"被谐音为"三江口"。

三江口,一处群峦叠翠、飞瀑溪潭的乌蒙净土,一方沟壑纵横、林木苍莽的人间秘境,濒危的植物在这里簇居,珍稀的动物在这里奔跑,山林间万物演绎着温馨和谐的自然交响曲。

依青山为屏,筑绿树为巢,群群白鸽掩映林海,雾气轻轻笼罩。待得清风吹拂,云雾聚散腾挪,一树树鸽群穿云破雾,飞翔盘

❶ 原始森林(细沙三江口)
❷ 秋到三江口

原始森林（细沙三江口）

旋于绿野之上。白色的精灵，时而直冲云霄，时而跌落林海，时而踪消迹灭。风在吹，雾在飘，鸽子花在飞，乳白的双翅舞动初夏的明媚，点染出一幅水墨风情画卷。

鸽子是和平使者，鸽子花寓意爱情。"……紫凤秋琴弹古旷，花仙春册补新陵。清风不问栖何处，只诉珙桐寓爱情。"世人看花是花，诗家看花有情。

相传很久很久以前，有位君主生一独生女儿，唤名"白鸽公主"，视若掌上明珠。公主品味出奇，不爱金银珠玉，也不嫁王侯公卿，却十分爱好骑射，颇有巾帼英雄风范。

一天，公主在森林中打猎，被一条狠毒的蟒蛇死死缠住。正在危急关头，一位名叫珙桐的青年猎手，用刀斩断蟒蛇，夺回公主的性命。公主十分敬慕青年猎手的机智和勇敢。二人一见钟情，山盟海誓，公主取下头上的玉钗，从中间割断，彼此各执一半，作为信物。

公主回宫后，将来龙去脉告之父王，并恳请父王将自己许配给珙桐。不料此事遭到父王的坚决反对，他连夜派遣侍卫将珙桐射死在深山老林。白鸽公主知道后，哭得死去活来。

在一个雷雨交加的夜晚，她卸去豪华的宫妆，穿上洁白的

衣裙，踉踉跄跄地逃出了高墙紧闭的后宫，来到珙桐遇难的地方，放声大哭起来。一直哭得泪珠成血，染红洁白的素装。

忽然，雷声大作，暴雨倾盆，一棵小树破土而出，恰像竖立着的半截玉钗，转瞬间长成了参天大树。公主情不自禁地伸开双臂扑向大树。

霎时间，大雨停了，雷声息了，哭声也听不见了，只见数不尽的洁白的花朵挂满了大树的枝头，花朵的形状宛如活泼可爱的小白鸽，清香美丽，让人不能不想起白鸽公主与青年珙桐凄美的爱情故事。

三江口遍布珍稀植物，除了珙桐花，在阴暗潮湿的密林深处，还隐藏有被誉为"冥界之花"的水晶兰。三江口的腐殖土上，潜藏着一簇簇晶莹剔透的水晶兰植株，有若水晶状的蒴斗，微微下垂的花朵，单生于植株的顶端，在幽暗处发出诱人的白色亮光，有幸看到的人无不驻足欣赏它洁白无瑕的身姿。因其全身没有叶绿素，从不进行光合作用，靠着腐烂的植物汲取养分生存，所以又被称为"死亡之花"。

三江口不止孕育出优雅的鸽子花和晶莹的水晶兰，还滋养出国家三级保护珍稀竹种——筇竹。筇竹又名罗汉竹，属禾本科竹亚科筇竹属植物，中型混生竹种，是西南地区特有竹种。

新鲜的罗汉笋粗如竹筷，青绿中泛黄，是十分鲜美的山珍，阵阵清香让人食欲大开。《本草纲目》概括竹笋功能为：消渴、利水道、益气、化热、消痰、爽胃。罗汉笋味清香，质脆嫩，营养丰，价低廉，古人赞它"寒士山珍""素菜中第一品"等雅誉。

筇竹节短而粗，可制成有特色的拐杖。关于筇竹杖的记载，最早见于《史记·大宛传》，汉武帝元朔三年（前126年），博望侯张骞出使西域，张骞从西域回来后对汉武帝说："臣在大夏时，见筇竹杖、蜀布。"商贸这只看不见的手，开辟了中国的南丝绸之路。

历代文人墨客给予筇竹杖充分的关注，纷纷赞颂并借之托物言志，将筇竹杖由物质形态上升为文化形态。杜甫《送梓州李使君之任》诗云："老思筇竹杖，冬要锦衾眠。"《竹谱》："筇竹，高节实中，状若人，剖为杖。"陆游《老学庵笔记》卷三："筇竹杖蜀中无之，乃出徼外蛮峒。蛮人持至泸淑间卖之，一枝纔四五钱。以坚润细瘦九节而直者为上品。"

走进三江口，内心的虔诚与膜拜悄然潜入心房。

走进三江口，不知不觉中你便融入森林的海洋。

❶ 原始森林（细沙三江口）
❷ 植物活化石珙桐（鸽子花）

文化昭通 永善

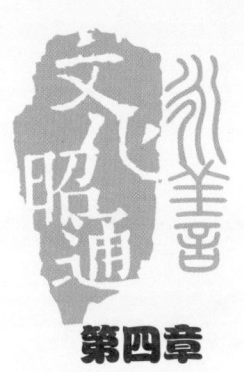

第四章

探寻多彩民俗

文化，是一个民族发展的根脉，是一个地方多彩民俗生生不息的见证。汉彝苗回等多民族和谐发展、相互交融。大毛滩新石器向青铜过渡期的文化、秦汉古驿道、诺芳文化、阿卯文化、僰人文化，在这里交相辉映，异彩纷呈。千年的历史积淀，多民族的民俗文化和地域特色，孕育了永善个性鲜明、内涵浑厚、异彩纷呈的民俗民间文化。

文化的传承是需要载体的。苗族古歌、彝族踏歌，是一段历史；苗家芦笙、彝家月琴，是一张名片；蜡染刺绣、毕摩文化是一段文明；金江舞狮、四筒鼓舞是一种精神。

民风民俗：吟诵千年不老的史诗

民风民俗，是一阕吟诵千年不老的史诗。在永善这个多民族杂居的地方，特殊的自然环境和多元的民族元素，孕育了形式多样、内容丰富、异彩纷呈的民族民间文化。当我们穿过历史的风烟，拂去时光的尘埃，打开一扇民族文化的窗口，便可以聆听芦笙的悠扬、踩花山的浪漫；可以领略月琴的雅致、火把的激情；可以感受鼓点的昂扬、打鼓草山歌的奔放；可以徜徉蜡染的精美、刺绣的绚丽……

这些散落民间的文化瑰宝，让我们不仅有如获至宝的愉悦，更有发现之美的惊叹；这些深藏人心的艺术活化石，从历史的地矿和时光的穿越中款款而来，给予我们的是披沙拣金的喜悦，是登高望远的豁达，是雾里看花的迷恋，是茅塞顿开的睿智。

笙歌曼舞云中来

有苗族的地方，就有动听的芦笙音乐，有奔放的芦笙舞蹈。苗族芦笙舞，集音乐舞蹈于一体，亦奏亦舞，是苗族最具代表性的传统器乐和艺术表现形式。

飞歌田埂上，游走李树脚。苗族善歌舞，有"会说话就会唱歌，会走路就会跳舞"的美誉。走进永善苗家山寨，苗寨的一山一水都是一支支优美的舞蹈，苗寨的一草一木都是一曲曲扣人心弦的山歌。

芦笙舞的起源，有朴素和美妙的传说。相传，盘古开天辟地之时，大地一片洪荒。靠狩猎为生的苗族祖先，为了捕获鸟兽，一个心灵手巧的苗族青年在林中砍下树木和竹子，做了一支芦笙，模仿鸟兽的叫声和动作边吹边跑引诱鸟兽，每次出猎都有所收获。后来，这种狩猎过程便演变成了芦笙歌舞，成了苗族人生活的文化娱乐形式，代代相传。《阿卯古史传说》记载，上溯到远古时代，由于敌人闪岛觉地福从来色米夫地打来，苗族先民力不胜敌，于是，

芦笙表演

往南风吹来的方向，由北向南迁徙。入夜，先过黄河的人唯恐后来者掉队，就吹起芦笙，燃起篝火，人们聚集一起，继续前行。

"芦笙一响，聚成一族。"芦笙，是苗族先民凝聚人心、激励斗志的号角。随着历史的发展，芦笙的功能逐步衍变为抵御外敌侵犯的战歌；在重大自然灾害中，成为激励斗志、鼓舞人心、呼唤亲人的信号。在重大节日、庆典活动中，成为一种特色鲜明的文化娱乐活动。特别是在大型歌舞聚会或婚庆佳宴、迎送活动中，苗族男女老少，身着盛装，在芦笙的伴奏下，以手为舞，顿足为拍，挪动舞步，合拍表演。芦笙一响，脚板痒痒，几十人能舞，数百人可戏，合众狂欢，气势恢宏。

芦笙由笙柄、笙斗和六支竹管连接而成，有大、中、小三种型号。芦笙结构复杂，制作精良，多为民间传承人纯手工制作。芦笙舞具有宗教、民俗和文化娱乐等多样性，在苗族的社

会生活中起着十分重要的作用。按活动内容和性质,芦笙舞可分为自娱性、习俗性、表演性、祭祀性、礼仪性五种。马楠是云南省命名的芦笙歌舞非物质文化遗产保护传承之乡。芦笙舞历史悠久,上至七八十岁的老人,下至五六岁的孩童都能跳芦笙歌舞。近年来,马楠芦笙歌舞队多次受邀到贵州、新疆及昆明等地表演并获奖。五十多岁的芦笙传承人杨光辉,芦笙歌舞表演可谓炉火纯青,他吹奏的舞曲,不仅数量多,而且声音和谐、清脆悦耳。在芦笙舞蹈表演上,他们能熟练地表演"滚地笙""双腿登天""望家乡""滚山珠""蚯蚓滚沙""滚地龙"等高难度动作,还能与同伴配合,三人或五人作"叠塔式"登高望远的表演。1979年至今,杨光辉先后参加过云南省少数民族传统体育运动会、中国昆明国际艺术节、中国新疆国际艺术节、云南大理少数民族运动会的芦笙歌舞表演,并在省、市的芦笙歌舞比赛中获奖。

古人云:诗者,言之所至也。在心为志,发言为诗。情动于中,而形于言。言之不足、故嗟叹之,嗟叹之不足,故永歌之。永歌之不足,不如手之舞之,足之蹈之也。苗族芦笙舞根植于生命的热土,在与大自然的抗争中,找到了一种文化形态,一种精神的寄托和心灵的家园。他们将宇宙幻化、人类起源、历史故事以及生活中的情感体验,融入芦笙舞蹈中,创作了许多优秀的原生态芦笙舞曲。

永善芦笙舞,不同的乐曲配有不同的演奏方式和舞蹈,或低沉或欢快,或沉缓或轻盈。常见的有《舞曲》《代歌曲》《问讯曲》《祭祀曲》等。大型舞曲主要有《祭祀组曲》和《历史叙事舞蹈组曲》,其中,最流行的是《历史叙事舞蹈组曲》,含《试笙曲》《探路曲》《迎亲曲》《跷脚曲》《祝贺曲》等十二套。《历史叙事舞蹈组曲》深沉、悲切、深邃、激越、开张,具有强烈的感召力和浓郁的民族风格。在这十二套组曲中,《探路曲》用芦笙舞这种独特的艺术语言,将重大历史事件融入音乐舞蹈中,讲述了苗族祖先"蚩"和"尤"带领部落首领,所经历的一场重大战争和民族大

❶ 射弩
❷ 芦笙歌舞

蜡染

迁徙的主题，是苗族史诗中的一颗璀璨的明珠。《探路曲》主题音乐舒缓、沉穆、凝重，具有很强的叙事性。舞步艰涩、沉重、悲壮。舞曲由序曲起，分为"踩蛆"，表现掩埋将士尸体；"四方舞曲"，表达四面突围；"涉水"，寓意部落渡水迁徙；远走他乡，写意寻求安居的生存环境等画卷。

苗族芦笙舞，融歌舞为一体，发端自然，源于生活，在长期的历史发展、生产生活、交流娱乐中，足之舞之，在质朴、热烈、细腻表达内心情感的律动中，舞以育德，曲以化人。得天地之和，享天伦之乐。

布艺上的"青花瓷"

先秦苗族一巧妇，蜡染草虫录于布。
恐被秦军识天机，腰系花裙百般褶。

此诗，道出了蜡染工艺在先秦时期的民间传说和蜡染图案的制作及特点。

蜡染，是苗族民间传统绘染工艺，历史悠久。史载"用蜡绘于布染之，即去蜡则花纹如绘"。相传，在先秦时期，楚国的苗族已有了自己的象形文字。苗族妇女将家乡的田园风情画于布绢，并配上象形文字，通过蜡染后保存。秦统一六国后，苗族在迁徙过程中，怕被秦军发现收缴，聪明的苗族妇女便将画图折叠缝制成褶，当"裙子"系于腰间。久而久之就形成了苗族蜡染的百褶裙，象形文字也逐步演变成各种花纹图饰。

远古时，苗族先民没有文字记载的历史，心灵手巧的苗族妇女，用蜡刀作笔，以"花纹"为字，记述祖先从北向南迁徙的历程。无论是"裙染图案"，或是"花巾图案"，抽象概括，寓意深刻。流动的彩裙上，两条红黑相间的线条格外醒目，似

黄河、长江从远古走来，流域间，由圆形、菱形、方块、水波纹等组成的图案，表示纵横交错的田野和广袤无际的家园。

蜡染图案构思新颖、个性张扬，富有浓郁的地方民族特色，集苗族历史、文化、风俗习惯和审美情趣于一体，典雅、美观，具有布艺上的"青花瓷"之美誉。

蓝底白色图案的苗族蜡染，以清秀的笔锋，多变的图式，丰富的内容，多彩的画面，描绘苗乡的山川草木、民族风情和劳动生活。蓝、白之间简约而丰富，用点、线、面的乐章，明快的色调，营造饱含浓郁生活情趣的场景，反映了苗家人低调婉约、质朴热情、勤劳善良的人文精神。

蜡染制作，分为蜡染、点蜡、描蜡、染色、漂洗等工序。工具材料主要有蜡刀、蜡版、蜡锅和蜡、自织的麻布或白布等。苗族先民用土，后来找到了纯天然植物小血藤、核桃皮做染料。靛蓝的基调，是天然沉淀的色泽，质朴蔚然的民风。蓝底上的镂空露白，似朗朗乾坤间，悠然飘洒的月光，静默凝视世事的变迁。

马楠，是昭通市苗族蜡染之乡，蜡染被列为市级非物质文化遗产保护项目。传承人王秀芬，八岁时跟随母亲学习蜡染，四十多年

❶ 蜡染传承人王秀芬
❷ 蜡染手工制作

❶ 民间刺绣
❷ 苗家花衣

间,她初心不改,刻苦钻研蜡染技术,先后参加了云南省蜡染、刺绣高级人才培训班、云南省工艺美术省级培训项目、云南省百名蜡染刺绣传承人培训班学习,多次到贵州、湖南等地学习蜡染刺绣。她多次参加了云南省民族文化节、昆明国际博览会等民族文化艺术品展销会;1999年被云南省文化厅授予"民族民间美术艺术人才"称号;2015年被云南省民宗局授予"云南省民间传统文化突出人才"称号。王秀芬的蜡染作品,力求表达内心情感和个人想法,主要表现苗族的传统文化,如织布、搓线、晒麻、绩麻等劳动生活场景为主。代表作《苗乡歌舞》在昆明国际博览会展出后被有识之士高价收藏,2016年蜡染作品《苗岭欢歌》被外国友人收藏。

艺术当随时代,丹青应抒今情。永善苗族蜡染受其他艺术门类的影响,在描绘技法、图式风格、表现题材等方面,发生着很大的变化。伍寨乡苗族蜡染传承人朱光美,在蜡染作品中,将自然风光与人文风情融为一体,并加入了现代绘画元素,形成了图案精美、内容丰富、色彩艳丽、表现力强的蜡染作品,深受世人喜爱,当地群众亲切地称朱光美为"蜡染皇后"。朱会、刘光美、张敏芫等被命名为蜡染县级传承人。

永善苗族蜡染,绘染技术精湛,采用写实与抽象,粗犷与精细多种绘制手法,幅式多样而富于变化,图案典雅质朴、清新鲜活、意象万千、韵味十足。

苗族蜡染是淳朴善良、勤劳智慧的苗族人民美好心灵和感情的表达,是民族工艺园地中一朵流光溢彩的奇葩。

七彩桑麻绘山乡

烟雨桑麻里的苗家山寨,荞香鸟鸣,石径泛绿,流云舒卷。身着漂亮服饰的苗族少女,静若幽兰,怀抱绣框,宛若嫦娥,

❶ 苗族服饰

❷ 苗家小女孩

捻线穿针，轻挑慢捻，一针一线来回穿梭。五颜六色的丝线，妙化于心，丝丝脉脉游走指间，那么轻柔滑润，那么赏心悦目！

刺绣，古时又称女红，是闺阁中女儿们必须掌握的一种针线技能。汉末，有女子刘兰芝，"十三能织素，十四学裁衣，十五弹箜篌，十六送诗书"的德行。古书记载，绘画设五彩之色，五彩俱备称其绣。《尚书·益稷》记载，早在舜的时代，舜欲观古人之象，命禹以五色颜料绘日月星辰，山龙草虫之形于衣，五色彩线之图案于裳。日月星辰照其临，鸟虫走兽取其纹，山川草木取其神。

永善苗族刺绣，主要分布在马楠、伍寨、茂林、莲峰等乡镇。这里的苗族妇女，几乎人人都会刺绣，尤其苗族小姑娘从小就在长辈的指导下做刺绣，为自己精心缝制漂亮的花衣。苗族姑娘不会刺绣就找不到婆家，她们在订婚后，就日日夜夜，用缕缕情丝为新郎制作精美的结婚礼服。苗族刺绣色彩丰富、对比强烈、和谐统一、立意新颖、构思奇特、清新典雅，在风格、配色、图式、刺绣手法上，别具一格。刺绣又称"挑花"，苗语称"梭倒"。用绣针、白布、彩线，以梭纱、骑纱、游纱等针法，营造蕨草形、多角形、对角形、菱形、圆形等单独纹样、二方或四方连续纹样，制作成披肩、背褡、彩带、彩飘等饰品。

苗族刺绣工艺手法，在保留传统特色的基础上，不断吸收先进技艺，其绣品图案精致，题材广泛，色彩丰富和谐，充满生活气息。马楠乡刺绣传承人王秀芬，将蜡染的元素引入刺绣作品中，以当代的艺术观念大胆创新刺绣工艺技术，她的刺绣作品融传统文化与现代元素为一体，经纬合谋，牵绊缭绕，面料精致，纱线细韧，图案精美，是难得的民间艺术佳品。

在永善县，不仅苗族刺绣赏心悦目，而且以黄少珍、杨华珍、王荣孝等为主要代表的汉族刺绣也别具风格，创作了大量独具特色的作品。王荣孝将拉线、滚线、套针、芝麻针、长短针、斜针、编绣等针法巧妙织入作品中，各种针法综合运用创作了许多优秀的作品。今年51岁的黄少珍，7岁随母亲学抛花刺绣，30多年来创作

作品 2000 余幅。作品《春天的思念》，竞技 2016 年中国昆明国际文化博览会、首届民间刺绣高手现场决赛，在 150 多名选手中脱颖而出，进入前 20 名，成为昭通市唯一进入决赛的选手，获得入围奖。黄少珍精湛的技艺、敏锐的触觉和对色彩的感悟力，获得专家们的一致好评。

盛夏时节，走进马楠高原，沐浴山风，徜徉绿茸茸的草地。苗族姑娘的花衣彩裙，犹如翻飞起舞的彩蝶，自由自在地招摇着整个夏天；披肩和花裙上的图案、飘带，撩拨起山花烂漫，惊羡苗族少女柔美的风姿，清丽的气质。

欣赏苗族刺绣，犹如唐诗宋词里的莺啼绿浪、蛙鸣桑麻，亦如灯光剪影里的小桥流水，山野花香。

花山节，高原上的盛典

农历五月初五，是传统的"端午节"，也是苗族的"花山节"。花山节又名"踩花山"，像汉族传统的春节一样隆重、热闹。

苗族踩花山，百年踩一山，一山踩千年。相约于马楠山，与苗族同胞一道，欢度苗族的盛大节日。作为"芦笙歌舞之乡"的马楠，花山节是不得不去的节日。每逢花山节，苗族同胞扶老携幼从四面八方赶来，他们身着艳丽的"花衣"，吹芦笙唢呐、跳芦笙舞、对苗家山歌，花山场上人山人海，热闹非凡！斗牛场上，人头攒动，险象环生；穿花衣赛场，蜡染刺绣，如彩蝶翻飞；穿针、绩麻，苗家姑娘心静如水。射弩、赛马、滑草、露营等体验让人不亦乐乎，意犹未尽，流连忘返。

马楠，是永善乃至滇东北高原有代表性的苗族彝族聚居地。《嘉庆永善县志略》对杨利箐、冷水孔等村有简略记载。传说，光绪二年（1876 年），一个叫袁英亮的人，从茶马古道

民间刺绣

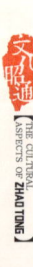

上的荞棚子搬到马楠养马开马店。袁英亮用木桩栅栏圈围牧场，牧马放羊而得名"马栏"，又因马楠曾经盛产楠木，后来便谐音雅化成了"马楠"。

马楠纤尘不染的万亩草场，集高原峡谷、风花雨雪和茫茫云海为一体的自然风光，以及民风淳朴的苗家山寨，韵味十足的芦笙歌舞，巧夺天工的蜡染刺绣，吸引了全国各地的游客。2016年马楠被命名为"云南省芦笙歌舞之乡""苗族蜡染刺绣之乡"。一年一度的苗族花山节和彝族火把节，盛况空前。如今的马楠，如清丽脱俗的仙子，以宛若妙曼的身姿，百转千回的风情，走上文化旅游的大舞台。

花山节，也是苗族同胞祈求人丁兴旺、风调雨顺的盛大集会，更是苗族青年男女的"情人节"。至于花山节的来历，有一个传说，相传在远古时期，苗族祖先曾经历了一场生死之战。苗族首领，率领子民，浴血奋战，英勇杀敌，战争取得了胜利。苗族首领吹响牛角号，召回在战争中九死一生的大英雄，把鲜花和美酒献给勇士。为了纪念这场战争的胜利，每年农历五月初五，苗族同胞就举行盛大集会，于是一个隆重神圣的节日就诞生了。

夫礼之礼,始之饮食,庄重热情的苗族敬酒仪式,把日常生活仪式化,使羊角美酒更加圣洁、浓醇。俗话说,马楠耍花山,必闯三道关,喝过三杯酒,花山任你欢。花山场上彩旗飘飘,苗寨门前花杆拦路。苗族青年手持芦笙,边奏边舞,欢快激扬。苗家姑娘手把羊角盛满美酒,喜迎宾朋!喝下三杯羊角酒,不但感受了淳厚的苗家礼仪,更让身心接受了一次难忘的民风的洗礼,领略了苗族同胞的气质和智慧。

如今,苗族"三角酒"已被演绎为迎接贵宾的最高礼仪——拦路酒。每位客人都得喝完敬献的拦路酒,才能通过花杆,在礼仪队欢快的歌舞中,穿过人群进入寨子。第一角酒,表示尊敬和欢迎,敬酒者,口唱酒歌,左手执羊角杯口,右手执羊角尖,左脚向前跨一步,右脚继而向前半步转弓步,曲体,手执羊角酒从右下向左上抬升,将酒敬献给客人。客人接酒后,向左滴几滴,再向右滴几滴,再将酒回给主人。其意表示敬祀天地和先民神灵。第二角酒,表示感谢。客人可一饮而尽,也可以转地一圈、两圈、三圈的方式转敬他人,转上三圈后被敬者必须将酒饮尽。第三角酒,表示祝福。宾客离开时,如同进寨一样,礼仪列队于寨门口,花杆拦路,芦笙歌舞、羊

❶ 欢乐花山
❷ 耍花山

角美酒，将客人送出寨子。而最具娱乐性的敬酒礼仪是叩酒，敬者与被敬者在敬献酒的过程中，相互礼让表现出环环紧扣的动作和与之相伴的诙谐语言。敬酒者以主人的名义，向正在进行芦笙舞表演的笙手和歌手逐一敬献一角酒。敬酒者把羊角举齐胸部，微微屈膝下蹲，在原地向左或向右旋转、跳跃，将斟满酒的羊角自下而上缓缓呈递到被敬者手中。笙手或歌手同时以旋转、跳跃的应对方式，左来左挡，右来右挡。浓烈的情感，在左、右侧身的动作中交融呼应。这种仪式，是一种礼制，一种民族语言的表达，更是联系民族情感的纽带。

马楠的山山水水，养育了苗家儿女，孕育了热情奔放的歌舞，传承了多姿多彩的民族风情，演绎了经久不衰的民俗文化。放歌马楠山，翩翩起舞的苗家姑娘，吹奏芦笙的苗族小伙，以轻盈、粗犷的舞姿诠释生活的激情，用力量与柔美雕琢民族的图腾，演绎原生态的苗乡故事。

花山节的夜晚，迷人，神秘。西山火红的霞光还没谢幕，动人的情歌和缠绵的爱意，就在暮色苍茫里展开。情意绵绵的恋人，缘分的手牵在一起，相互依偎，憧憬未来。苗族婚俗古老而浪漫。苗家青年男女，从初接触起，一直到缔结姻缘，都在浪漫中细语。他们"踩月亮"，对山歌，相互了解，增进感情。若双方情投意合，男方家长便请媒人到女方家说合，如双方同意，便商定结婚日期。

❶ 芦笙歌舞迎宾客
❷ 绽放

篝火

结婚那天,母亲或者姐妹精心为新娘梳妆打扮,穿上自己缝制的花衣,在新郎的搀扶下,骑马来到夫家。进屋前,必须过"三关",由六个手持芦笙的小伙分成三队,半蹲而舞,边跳边吹,新郎新娘从舞者不断变换的脚步中穿行而过,进入新房。新房的火塘边,新人互饮"羊角酒",意为同心合意,幸福美满。新娘无拘无束地唱起情歌,新郎则舞动芦笙,充满青春活力的舞姿,表达相互之间的爱慕之情、和谐之意。

马楠花山节,用甘甜的美酒酿造苗族风情,用色彩斑斓的花衣点缀碧绿的草场,用诗一样的纯美,吟唱天籁之音,以露珠般晶莹剔透的真情,吟唱带着泥土芬芳的恋歌,用热情燃烧的火焰,奉献云海般宽广汹涌的情怀。

马楠花山节,
游客在这里放飞思绪,
在这里净化性情。
阳光、草地;
云海、群山;
芦笙、恋歌;
云上马楠,柔情浪漫;
苗乡盛典,在此一方!

火把节,火火的歌谣

农历六月二十四日,是彝族传统的火把节。在永善彝区,火把节家喻户晓,热烈隆重。

火把节,有着深厚的民俗文化内涵,被称为"东方狂欢节"。彝族民间流传着许多关于火把节的来历和起源。相传,远古的时候,有一个叫"十大力"的恶魔,到人间破坏人们的幸福生活。"十大力"蛮横地提出要人与他摔跤，还示威地把一头头壮牛掀倒，这也是火把节首先要斗牛的由来。他的挑衅，激怒了一个名叫包聪的彝族青年，他走出人群，与"十大力"摔了三天三夜不分胜负。人们便弹着月琴，吹着短笛，拍手跺脚为包聪助威。最后，包聪终于摔倒了"十大力"。恶魔大怒，又放出蝗虫来糟蹋人们辛辛苦苦种出来的庄稼。人们便聚集起来，点起一支支火把驱赶，烧死了所有的害虫。这一天，正好是农历六月二十四日。为了纪念这一胜利，每年的这一天，人们都要以传统方式，点燃火把，走向田野，以祈望风调雨顺、五谷丰登、六畜兴旺。同时，载歌载舞，开展各种文娱活动，这样就形成了彝族人民一年一度的"火把节"。

在永善，彝族中流传的火把节传说，还有谴责手足相残的内部战乱，赞美血脉相连的骨肉深情。从前，居住在滇池、洱海一带的彝族祖先瀑河，有三个儿子，一个死于战争，剩下曲补、曲列两兄弟。两人为争夺地盘而互相残杀。瀑河劝解无效，一气之下，便对他们说，要打要杀，就由你们去吧，胜者为王，败者远走他乡，另立门户。从此，两弟兄打了十几年，最终弟弟曲列战败，逃去远方。曲补顾念兄弟之情，决定把弟弟找回来。于是在农历六月二十四日早上，亲率人马去找弟弟，找到天黑也没有找到。点起火把继续寻找，还是没有找到，便分派人马，四面八方去找。一直找到次年的农历六月二十四日，整整找了一年，也没有把弟弟找回来。其母见找不回小儿子，内心很悲痛，便用有色丝线在衣服上绣上中间有四朵花的十字图案，含四面八方之意，祝福小儿子在遥远的"四面八方"，像花一样吉祥如意。头人曲补则让大家在每年六月二十四日，不管男女老少，都要穿绣有十字形、配有四朵马缨花图案的花衣服；晚上，各家各户，举着火把，走遍屋内屋外、田边地角，再到山上，棚起火把，杀猪宰牛，唱歌跳舞，祝福远方的弟弟。从此，每年六月二十四日，就成为彝族的"火把节"。

每逢火把节，彝族男女老少都穿着盛装，开展各种具有民族特色的活动。男人们斗牛、摔跤、赛马、射箭，妇女们唱歌、吹口弦、弹月琴。伍寨彝族过火把节，亦着节日盛装，宰牛宰羊宰猪，围着篝火，大碗喝酒，大块吃肉；摔跤竞技、巧勇夺冠；弹起月琴，吹起唢呐，跳起彝家的锅庄舞，唱起具有彝家独特情调的歌谣。

　　古老的习俗与当代的情趣、原始的文明与时尚的生活,和谐、浑然一体。其乐融融的节日气氛,给神奇的山川、古老的大地涂上浓浓的、热烈的喜庆色彩。傍晚,毕摩寨旁,菩提树下,人们成群结队举着火把遍游山野,然后点燃篝火,喝酒,唱歌,跳舞。漫山遍野的火把和熊熊燃烧的篝火,像天上的星星散落人间。到处是火的世界,到处是歌舞的海洋。人们尽情欢歌,纵情舞蹈。

　　火把节之夜的热闹场面,历代文人多有描述。明代诗人杨升庵曾留下诗句:

老夫今夜宿泸山,惊破天门夜未关。
谁把天空敲粉碎,满天星斗落人间。

彝族火把节　　火把节,具有彝族崇尚火的文化意蕴。火与彝族生产、生

活的关系极大,尤其是彝族很多都居住在高寒山区,刀耕火种,为防止野兽袭击和糟蹋庄稼,晚上常在住房附近或庄稼地边点起大火吓唬野兽,所以在彝族文化中强烈地表现出浓烈的火文化特点。彝族人认为:火把象征光明,象征团结,象征发展,象征美好未来。随着生活的磨砺和时光的浸染,彝族人民对火产生了崇敬之心,火成了彝族人民生产、生活中的伴侣和神灵,因而对火怀着感激与崇拜。

火把节反映了彝族特色的文化生活。许多丰富多彩的传统习俗活动都集中在火把节期间举行,使彝族文化和彝族风情得到了集中展示,丰富了彝族地区群众文化生活,传承和发扬了彝族优秀的传统文化。火把节不仅是驱邪祈福的节日,也是荟萃彝族文化的精华,维系民族感情,加强民族团结的盛会,是彝族传统文化、民俗风情和彝家风采的集中展示。

月琴,嘎莎米可的魅力

走进伍寨乡,清脆悦耳的月琴声在青山绿水间穿云渡雾而来。

伴着优美的琴声,不知身处何处。清亮的琴声似飞旋的云雀,在白云间盘旋,穿越在和声共鸣、云淡风轻的蓝天。

听月琴传承人一曲接一曲地弹奏,会让人感到,这一趟真的没有白

篝火晚会

彝族过山号

来！那响亮激越的琴声，轻扣人心的旋律，奔放豪迈的激情；那琴弦，就仿佛人的心弦；弹拨在琴弦上，就仿佛弹拨在人的心弦上，令人心潮起伏、心魂颤动、神思驰翔、浮想联翩，给人难以言喻的审美快感。

伍寨，是有名的"月琴歌舞之乡""彝族传统文化保护区"。伍寨月琴制作、弹唱已传承200多年。月琴，俗称"弦子"，彝语称"巴布""斑匹"和"巴"，源于古乐器"阮"，产生于西汉武帝时期。月琴之名大约出现于唐代，取其形圆似月，声如琴。至北宋陈旸《乐书》中有月琴的记载。到清代，将"阮"长长的琴杆缩为短颈，演变成现在的月琴样式，月琴与"阮"才分离开来。月琴是彝族最喜欢、擅长的传统乐器之一。月琴的制作和舞曲的创作，是彝族智慧的结晶，承载着丰富的文化内涵。相传，古时候有个名叫阿曲的彝人，上山砍柴，砍到一棵空心树，他用刀敲打，树干竟发出优美的声音。由此受到启发，回家后，他认真揣摩，把一截木料掏空，

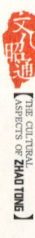

月琴弹唱

做成琴箱，加上一个台座和两个耳朵，在耳朵和琴箱之间加上两根弦，弹拨琴弦的声音通过琴箱共鸣发出动听的声音。经过反复试验，他终于制作出了第一把月琴。

月琴不仅仅是一种乐器，而是彝族文化的重要载体。月琴由琴头、琴颈、琴身、琴轴、琴弦和缚弦等部分构成。琴头为虎头形，源于彝族先民对虎的崇拜。圆形的琴箱象征太阳，弦两边半月形音孔象征月亮，寓意阴阳互生，两弦亦分阴阳，十品象征彝族的太阳历。毕摩说，两弦分阴阳，昼夜交替，四时更生，十月运行，衍生万物。如此丰富的文化内涵，令人不得不感叹彝族先民的智慧和非凡的创造力。伍寨月琴制作积累了丰富的经验，月琴制作传承人陈光友纯手工制作的月琴，做工精致，材质考究，发音准确优美，产

品远销西南各省。

言为心声，琴为心曲。彝族先民们用月琴表达自己的喜怒哀乐，琴声传递爱情、赞美生活，用月琴歌舞颂扬脚下这片深情的热土。他们有感而发，热情奔放，在长期的生活积淀中，创作了许多优美的原生态月琴曲调。最著名和较为系统的有《耍调》《探小妹》《留恋调》《月望郎》《优叹调》《越冬调》《迎春调》《霸王调》《激情调》《嘎莎米可》等十二个曲调，其中，最具代表性的《嘎莎米可》优美动人，成为月琴演奏的保留曲目。伍寨月琴表演队，曾多次到北京、昆明、昭通等地演出并获殊荣。

伍寨月琴传承人彭银发介绍，《嘎莎米可》是一部由六个乐章组成的套曲，是一个叙事性十分完整的优美的爱情故事。第一曲为《月望郎》，描述彝族青年男女的初恋；第二曲为《脱结调》，以对话的形式，描述彝族青年男女的自由恋爱受到父母反对，男女双方纠结难过的心情；第三曲为《说合调》，描述男女双方通过激烈的抗争，恋情得到双方父母的同意，男方请媒人上门说亲；第四曲《迎

❶ 眺望
❷ 月琴制作

亲调》描述隆重而热烈的彝族婚礼；第五曲《嘎莎米可》以热烈、奔放、狂欢的曲调，将婚礼推向高潮；第六曲《留念曲》也是爱情畅想曲，表现对美好爱情的颂扬、留恋、遐想和对未来美好生活的憧憬。《嘎莎米可》像一部爱情史诗，优美动人；像一部现代交响曲令人回肠荡气，堪称现代版的"梁祝曲"。

嵇康《琴赋序》中说："众器之中，琴德最优。"琴德即人德。伍寨月琴演奏高手彭银发，彝名阿署竹林，可谓是"德艺双馨"的民间艺术大师，在当地有"月琴王"之称。他能在头上、背上、腋下、前后左右，挥洒自如地弹奏月琴，动作潇洒娴熟，琴声优雅，被乡邻视为绝技。

在伍寨的青山绿水间，捧一杯清茶，悠闲情适，凝神静气，聆听《嘎莎米可》，曲调轻如蝉羽，重如崩云，明如皓月，柔如细雨，急如狂潮，优美的琴声，在白云间飘响回荡，令人神往。

索玛花开月儿圆

浩浩荡荡的娶亲队伍，在弯弯曲曲的山路上缓缓前行，人们在喜气洋洋的月琴、喇叭和唢呐声中，背着新娘，抬着令人眼花缭乱的嫁妆向男方家进发。

❶ 月琴对弹

❷ 彝族婚俗：摸亲

彝族婚俗：背亲

喜鹊喳喳叫，索玛花儿开。

月儿告诉我，阿哥接我来……

彝族婚俗是历史的、厚重的。永善是彝族的发源地之一，作为土著居民的彝族，自古在这里繁衍生息，有着悠久的历史，创造了灿烂的民俗文化。彝族婚俗是一部"活态"的婚姻发展史，婚姻的缔结，不仅是一家一户的个体行为，而是整个彝族家庭、姻亲、邻居传播演绎民族文化的过程。彝文典籍《勒俄特依》《公史传》《母史传》记载：远古时代，彝族先民经历了"只知其母，不知其父"的母系社会，先民石尔俄特为寻找父亲，历经磨难，终于在兹尼石色的暗示下娶妻生子，实现了"生子见父"的愿望。彝族社会由此进入了"男娶女嫁"的父系社会时代。

永善县务基锦屏村以及伍寨乡，是彝族文化保留较完整、彝族风情十分浓郁的地区。彝族婚姻的缔结，实行民族内婚、

等级内婚、家支外婚、姑舅表优婚和姨表不婚等制度,并保留着转房、抢婚等习俗。随着时代的发展,彝族婚姻观念已发生了很大变化,如今彝族与汉族等其他民族通婚的情况已不少见。彝族婚姻有若干程序,主要有婚前礼仪和结婚礼仪两部分。婚前礼仪有订婚、提亲、说亲、择期、送期等程序。婚礼仪式主要有接亲、泼水、扯耳朵(彝语挠克)、哭亲、送亲(彝语府母)、进亲棚、梳头、入房、送客(彝语嘎洒)、回门(彝语约哪古)、送清净菩萨(彝语写俄布)等程序。

在彝乡参加彝族婚礼,犹如出席一次古朴隆重的文化盛典活动。远亲近邻身着民族盛装,欢乐与喜悦写在脸上,严谨而规范的婚礼程序,使彝族婚礼显得十分庄重。整个彝族家庭、亲戚、整个村落集体参与,让婚礼更加隆重热烈。婚礼活动中,对歌、泼水、摔跤、抹花脸等独具特色的民俗,让人目不暇接。最热闹精彩的是泼水仪式。彝族婚礼大多在秋冬季节,待新娘出嫁时,新郎家要根据路程的远近,在家族中选出十多个精壮的小伙子组成接亲队伍,彝族称为"线木"。新娘家欢迎接亲队伍的方式尤为独特,在接亲队伍快到时,新娘家将组织数十人,在寨子前或房前屋后"线木"必经之地,占领有利位置,居高临下,储水"设防"。当"线木"

彝族婚俗:出嫁

彝族婚俗：敬酒

进入"关口"或"伏击圈"时，领头人一声吆吼，姑娘、小伙精神抖擞，欢声笑语，手持瓢盆、木碗、木桶、竹水枪同时"开火"，将水泼向"线木"，旁观者呐喊助威，顿时水花四溅，相互追逐，热闹非凡。来不及躲闪的"线木"，一个个被泼得像落汤鸡。待"线木"进屋里坐下，姑娘们还会乘他们不备，继续将一盆盆吉祥的水泼向"线木"。

姑娘们以调戏的口吻说：

为了养大女儿，
妈妈脱了九十九层皮，
不泼九十九桶水，
不抹九十九把锅烟，
哪能让你们轻易把新娘背走？

"线木"们机智地回答说：

我们翻了九十九座山，
过了九十九道河，
走了九十九条路，
专程来迎亲，
不背走新娘怎么行？
……

一问一答间，道出了女方的诙谐机智，道出了男方的真诚执着，表达了父母养育女儿的甘苦。

对歌和哭嫁歌，是很有内涵和特色的文化形式，具有叙事民歌的特点，旋律单调，歌唱性、节奏感较弱，但歌词内容十分丰富，主要讲述妈妈的女儿出生、成长、出嫁以及嫁到婆家后，对娘家的思念等。曲谱通常以一个乐句为基础，以有限的变化，构成大篇幅的叙事性歌曲。一句简单的旋律，便可以重复套上若干歌词，既表达女儿成长的过程，又描述纯如美酒的亲情、友情、爱情。因而旋律简约动听、音调抒情、曲调平和婉转。对歌一般都在堂屋或院坝，围着熊熊燃烧的篝火进行，先由新娘家出两名女歌手挑战，迎亲队伍中两名男歌手迎战，以二对二的方式对唱，逗趣打擂。对唱内容或彝族古歌，或山歌，或情歌，甚至现代流行歌曲。鸡鸣时，改唱留亲歌（彝语仍得格），形式由二对二改为双方集体对唱。彝家山寨月朗星稀、清风徐徐、幽婉感伤的歌声，如烟似云，如醇似火，在

① 彝族婚俗：打槁
② 彝族婚俗：抢亲

①

②

彝族婚俗：抹锅灰

火塘弥漫，在山间流淌。

哭嫁歌，一般围坐在堂屋火塘边进行，先由一个唱得较好的歌手领唱，另一人和唱，唱完序歌，众姑娘跟着一起唱。哭嫁歌中，尤以《妈妈的女儿》开头的序歌优美动人：

妈妈的女儿哟，
人说高山最美丽，
高山长绵绵，
山上吃草的羊儿才美丽！
人说草原真美丽，
草原真开阔，
原上云雀欢唱最美丽！
水流在山间，
总要绕山流，
彝家有美女，
个个有苦衷。

彝族婚俗：哭亲

动听的歌声，在感怀中透出淡淡的哀怨。磅礴的大山、辽阔的草原、茫茫的林海……说不尽的乡愁，清淡如云，婉约如花。

走进彝乡，身临其中，犹如翻阅一部厚重的民俗文化典籍，徜徉在彝族历史文化的走廊里，沉浸在彝族古歌凝重的旋律中。肥而不腻的坨坨肉、清爽可口的酸菜汤、生态天然的荞粑粑、酸辣开胃的孟获汤……让人满口生津。喝一碗吉祥如意的美酒，身心如酥，灵魂在熊熊燃烧的火焰中净化、升腾。

毕摩，智慧的灵光

从务基镇出发，汽车在蜿蜒的山路上行驶约半小时，便来到永善县彝族聚居的锦屏村。盛夏的锦屏，洁白的云朵挂在蔚蓝的天空，牛羊在绿色的草甸间若隐若现。别致的彝族新居与传统村落开合有度，相互包容，相映其间。聚聚散散的村落，周围是大片的向日葵，骄阳下发出热烈的光芒，与田垄上的绿树形成强烈的对比，宛若凡·高笔下的乡村风景，又如一幅穿针引线、巧手织就的锦绣画屏。

沿着一条弯弯曲曲的水泥路，穿过一片幽静的斑竹林，我们来到了毕摩传承人卢培云的家。宽敞整洁的四合院，门前的水塘里长着许多高笋（菰：茭白），大门两边的墙上画着古朴的彝族风情画。院子后面高大的核桃树上挂着两个喜鹊窝，不时传来喳喳的叫声。院里，房屋的挑檐雕刻着牛头，穿坊画着红黑黄色的装饰图案。毕摩传承人卢培云（彝名阿鲁依合）天资聪慧，技艺超群，十二岁学习祖传毕摩技艺，深受锦屏大毕摩卢兴礼赏识并悉心指导。十六岁能独立作毕，十八岁可作大法事，常受聘到金阳、雷波等地作毕。当我们说明来意后，秉性耿直、为人厚道的卢培云老人捉来一只洁白的公鸡，在堂屋的香火前，双手虔诚地点上香蜡，燃起纸钱，念诵经文，用白鸡血祭祀祖先，然后庄重地从房梁上取下

毕摩经书

包裹严实、泛着神秘幽光的毕摩法器，向我们讲述关于毕摩的故事。

在彝语里，毕摩的"毕"是指念诵经文，"摩"是指文化使者与沟通者。"毕摩"是指通过念诵经文与神沟通的特殊使者。毕摩文化是以经书和祭祀仪式为载体，进行彝族文化传承和发展的一种文化式样，已成为当代最神奇的人类文化现象，是人类文明史上珍贵的文化遗产。

毕摩的起源，史书上虽然没有明确的记载，但查阅相关史料和彝族毕摩谱，可以得知，毕摩源于生产劳动、社会生活和物质世界。在原始社会，部落人为了生存，通过狩猎获取猎物，每次狩猎前都要举行祭祀，祈求神灵保佑，狩猎归来又要举行隆重的庆典，答谢神灵庇佑与赐予。在分发猎物时，一般由狩猎中的勇敢者和英雄分发，在食物分发和社会分工中产生矛盾，部落中的长者和能人就要出面协调沟通。在长期的生产生活中，部落中的英雄逐渐发展成部落统治者"兹"，能工巧匠发展为"革"，协调矛盾关系和内外事务的能人发展为"莫"，一般普通劳动者则为"卓"的阶层。随着社会发展和分工越来越细，这些主持仪式、掌握权力、协调事务的成员，就发展成"毕"的阶层。另一种说法是，在毕摩族谱中记载：毕摩源于气、雾、云、雨、水等物质世界。在原始社会，由于生产力水平极低，人们认为万物有灵、天人感应、人神合一，开始从大自然中获取关于毕的知识，逐步产生了"毕"这一神圣的职业。毕摩经书记载，毕摩的历史可划分为"石姆玛哈"和"石姆莫基"两个时期，毕摩的发展经历了从物到人、从物质到精神的衍化发展过程。

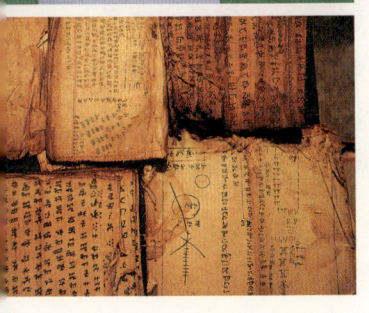

永善彝族主要居住在务基、伍寨、茂林等乡镇。《嘉庆永善县志略》记载，永善县向为夷疆，彝族是永善的土著民族，彝族先民在长期的生产生活中，创造了丰富的彝族文化。永善县有毕摩7人，毕摩经书500多部，多为纸卷经书。有祭祖经、

诅咒经、通神经、生育经、毕摩史经、鬼神像经、招魂经、送魂经、护身经、治怪病经等。这些经书记录了彝族的伦理、道德、法律、历史、政治、哲学、军事、医学、教育等方面的知识，包罗万象，是彝族历史文化的瑰宝。彝族毕摩认为，经书是极其神圣的，它既可与鬼神沟通，又可与灵界对话，还能呼风唤雨，治病救人。难以想象，彝族祖先是怎样在毕摩经书里解释玄幻世界的，但从毕摩先生按经书规定的路径演绎现实生活和人生，我们似乎可以得到朴素的答案。

彝族毕摩文化中，法器是毕摩的重要物件，是毕摩权力的象征。彝族《毕摩史经》记载，法器来源于石姆玛哈（神住的地方），是神赋予毕摩用于各种祭祀活动的法物。法器从种类上可以分为：维突、法帽、法铃、虎牙、鹰爪、野猪牙等。法器的存放十分庄重、神秘，卢培云老毕摩的法器，悬在房梁上，肃穆中闪现着彝族先民的智慧之光。

彝族信奉神灵崇拜、祖先崇拜和自然崇拜，相信人神一体，万物有灵，天、地、人、神皆可融会贯通，为人们消灾祈福，五谷丰登，平安吉祥，祛除病苦。在这种民族信念的支撑下，彝族毕摩为人治病和占卜，几乎无所不能，且具有神秘的色彩。

毕摩作法，由于规模、内容、对象不同，所使用的法器、念诵的经文和表现形式也不同。其独特的占卜方式有："打木刻""看鸡蛋""骨卜""闷仔鸡""五脏诊治""沸水洗身""舔铧铁""含油喷火""竹竿立鸡"等等。这些治病占卜的方式中，"舔铧铁""竹竿立鸡""沸水洗身"奇异神秘、精彩绝伦。竹竿立鸡，是毕摩十分神秘的一种占卜方式。占卜时，毕摩用咒语将一只白公鸡咒昏迷后，立于一根丈多长的竹竿顶上，一直昏睡到第二天鸡叫时分才慢慢苏醒，拍拍翅膀鸣叫飞走。毕摩则按照鸡飞走的方向测定病人的吉凶。伍寨乡吴寨第十二代毕摩传承人吴朝品，在2006年云南省第八届少数民族运动会上，面对三千多观众，镇定沉着表演"口舔烧得通红的铧铁""光脚踩烧红的

毕摩诵经

铧铁"和"口吃火炭"等。吴朝品双眼微闭,将通红发亮的铧铁,用铁钳夹住,举到胸前,然后屏息静气用舌头轻舔铧铁。铧铁发出哧哧的声音,冒出阵阵热气,惊险出神,观众无不称奇。

毕摩文化,是彝族民间文化的瑰宝,古老的图腾历经炼狱般的锻造,使之成为王者的法宝,权力的象征,天地合一、人神共融的不朽信念。彝族先民在原始的图腾中雕刻信仰,以适者生存的姿态净化环境,用纯朴民风凝练伦理道德,升腾炽热的情感,在岁月沧桑中积淀厚重而神秘的毕摩文化。

毕摩绝技:踩铧铁

造化万物的鼓声

四筒鼓舞,又称"跳鼓""跳丧鼓",因舞者四人身挎"铜鼓"击之舞之而得名。具有粗犷、朴素、不事雕琢的原始古朴的神韵,是一种古老、独具地域特色的汉族舞蹈。

四筒鼓舞,在昭通汉族居住区的农村流传,距今已有三千多年的历史。永善的四筒鼓舞,由昭阳区的靖安镇一带传入,主要分布在茂林、伍寨、码口、莲峰四个

四铜鼓舞

乡（镇）。尤以茂林镇四筒鼓舞规模较大，几乎所有成年男子都会跳这种舞蹈，各村都有四筒鼓舞队，在举行盛大活动时，可以数百人甚至上千人一起表演。《周礼》记载："以路鼓鼓鬼享。"郑玄注为："四面鼓也，享宗庙时用之。"东周灭亡，鼓人散居民间，后随汉民进入昭通。民国《昭通志稿》：四筒鼓，乡人丧礼用之，似为跳舞。四筒鼓舞被誉为汉文化的"活化石"，过去仅限于丧葬之用，历经沧桑，已成为广大农村群众十分喜爱的文娱活动。

四筒鼓舞，带有祭祀的成分，既是一个打击乐队，也是一个融乐、舞为一体的舞队。四筒鼓舞发端自然，源于生活，鼓舞按套路编排，有近百种套路，多为动物仿生模拟、吉祥寓意造型和技巧表现等。常有蛤蟆晒肚、老牛擦痒、鲤鱼跳龙门、猴子捞月、喜鹊登枝、仙鹅抱蛋、二龙抢宝、山羊打架、犀牛望月等。舞蹈时，四人斜挎筒鼓于左胸前，边击鼓边舞蹈，鼓点节奏、音调可随意变化，大体与舞步、舞姿协调。舞者绕圈做顺时针或逆时针运动，在前进

① 四铜鼓舞：老牛擦痒
② 四铜鼓舞：喜鹊登枝

中舞蹈。茂林的四筒鼓舞共有二十七套，其中的老牛擦痒、蛤蟆晒肚等造型古朴生动，有浓郁的生活气息。舞蹈队形变化有致，如"串花""编篱笆""裹白菜心"等，舞队如游龙凤舞，令人眼花缭乱。鼓舞在原始的丧葬祭祀中，融入了生活的情景元素和美好寓意，使鼓舞更富有浓烈的生活气息和生命力，已逐步成为一种群众喜闻乐见的文化娱乐形式。在喜庆、节日也表演，演出人数逐步增加。它的一招一式，与生产生活、民间传说密不可分，在单一的节奏下，跳出了这方土地上的乡民对生活的欢愉、对生命的尊重、对生老病死的坦然，是一种质朴而强烈的情感宣泄的载体。

四筒鼓舞在动人心魄的鼓声中，造化万物；在粗犷古朴的舞姿中，解读人与自然的和谐。神秘而幽远的鼓声，是万物生灵相依共存的画面，混沌初开、阴阳分明、霞光熹微、空谷传声、万物狂欢！

劳动山歌打鼓草

民间传说，在古时滇东北的金沙江畔，居住着一对夫妇，夏天除草时，烈日炎炎，丈夫锄草，久而疲劳，扶锄瞌睡。妻子到地里送饭，见状焦急心疼，为消除丈夫的疲劳，她击瓢扬歌，深情唱道：

我夫除草顶太阳，汗水长流湿衣裳。
唯愿白云变成伞，为我夫君遮荫凉。
……

唱罢，其夫疲劳顿消，奋臂锄草，干劲倍增。从此,"击鼓锄草"这种别具一格的劳动歌谣,就世代流传。打鼓草又叫薅草锣鼓,就是一边打鼓唱歌,一边薅草。打鼓草流行于永善县广大农村,特别是下半县乡镇,是深受广大农村群众喜爱的一种特殊的民间文艺形式。

打鼓草歌何时起源,尚无准确的文献记载。早年,在四川的一些汉墓中出土过像打鼓草鼓师状的站立陶俑。有资料记载,打鼓草在唐朝已成型,唐朝僧人可彭曾写诗描述当时川西坝子薅秧锣鼓的情景。北宋苏东坡在《眉州远景楼》中生动描写了眉州薅草锣鼓的盛况。《中国民俗词典》:"薅草锣鼓,鄂西一带土家族传统娱乐形式,薅草时,在锣鼓声中,由鼓师领唱,众接腔合唱,劳作而乐。"清道光年间,湖南《长阳县志》记载:"旱田草盛,工忙互相换工,亦击锣鼓唱歌以节劳逸。"清雍正、乾隆年间,四川遭遇战乱和连年大旱,人口剧减,田园荒芜,朝廷实施百万大移民,将广东、福建、广西、江西、湖南、湖北的人口移入四川,这就是永善民间所说的"江西填湖广,湖广填四川,四川搬云南"之说。随着移民大迁徙,打鼓草这一民间形式随之传入永善。

在打鼓草原始歌词中,有"鼓要湘州鼓,锣要苏州锣;背着花鼓上云南,过了重庆府,来到老鸹滩"之句。从相关传说、原始歌词、史料研究,永善的打鼓草由流传较广的湘、鄂、渝、川等地传入,是楚文化、巴蜀文化与滇文化相互交融的结果。据八十多岁的鼓师回忆,永善县在中华人民共和国成立前就有打鼓草,用的鼓从绥江、宜宾等地购买,在鼓师和农民心中,鼓的地位十分神圣,鼓叫花鼓,鼓扦叫花扦,鼓套必须用红布,两个鼓队会合,鼓师必须相互送鼓扦,以示友好。每年的第一次薅草,鼓师要在劳动现场头顶香蜡纸钱,举行仪式。打鼓草的鼓师多由威望高、经验丰富、文思敏捷、能说会唱的成年男性担任,鼓师既是劳动者,又是劳动的组织者、指挥者。不少鼓师也是民间歌手、诗人,他们除领唱师承的套本外,还能触景生情,即兴创作,见物成歌,随口是韵,现场感强,具有趣味性、歌唱内容丰富、节奏自由的特点。演唱形式为鼓师领唱,众人接腔,有齐唱、轮唱、说唱等。

打鼓草歌,作为流传于民间的曲艺形式,之所以世代相传,主要原因还在于它具有优美的音乐和生动朴实、内容丰富、具有感染力和影响力的歌词。

永善打鼓草歌词，独具地域特色，是民间群众文化和智慧的结晶，巧妙运用赋、比、兴等手法，在叙事状物的过程中，表达思想感情和美好愿望，读之通俗易懂，唱之朗朗上口，有较高的文学欣赏价值。如《太阳歌》中：

东方起朵云，西边雾尘尘。
西方云拆开，显出太阳神。

通过对云朵、雾气、太阳的描写，展现山区农村的美好环境，表达对自然、对家乡的热爱。又如《放风流》中：

情妹挑水扁担长，双手把住桶耳梁。
屋头还有半缸水，假意挑水会情郎。

通过对扁担和挑水这一民间最普通的生活细节，铺陈、描叙，生动地刻画了纯朴善良的农村姑娘对心上人的思念、期盼和细腻的心理活动。又如《花歌》中：

栀子花儿白如银，手拿栀子笑盈盈。
情妹头上戴一朵，花上重花更爱人。

打鼓草

用雪花花的白银比喻栀子花，以幽香纯洁的栀子花暗喻笑盈盈的情妹，咏之于花，颂之于人，花美人更美。又如《耍钱歌》中：

九月耍钱是重阳，重阳造酒满缸香。
别人造酒有夫吃，奴家造酒守空房。

以重阳造酒起兴，用重阳酒香、有酒无人、独守空房这样的情景，阐述了其夫因赌钱成性、伤身死亡的情景，痛斥赌博这一不良社会风气，劝诫世人远离赌博，洁身自好。又如《清早歌》中：

金鸡开了口，凤凰开了声。
歌郎开了口，花鼓开了声。

开了口，开了声，打起花鼓闹阳春。

以金鸡开口起兴，逐步铺开，层层递进，复沓往返，语言热烈兴奋，气氛高昂，满腔热情，极尽渲染之能事。打鼓草的抒情，往往与写景相结合，情景交融。如：

送郎五里到池塘，塘中有对好鸳鸯。
哥妹好比鸳鸯样，左右不离共一塘。

打鼓草歌词的语言，富于形象性、音乐性和表现力。调声、双声、叠字甚至叠句运用，如玉相扣，铿锵有声，贯珠相连，宛转有致。除了赋、比、兴修辞手法外，还有夸张、拟人、对比、排比、递进、反问、双关等，让人不得不感叹民间诗人根植于乡土，在生产劳动中积累的丰富的创作经验。

打鼓草歌的主要目的在于劳逸结合、鼓舞干劲、提高劳动效率。具有指挥劳动、审美娱乐、教化育人、传播文化的功用。打鼓草是民间山歌，其唱法通俗，歌词朴实易懂，调式有长调、短调、四平调、百花调、麻雀调等。永善打鼓草鼓点节奏紧密、节拍强弱分明、旋律跌宕起伏，与邻近县的打鼓草相比，乐曲的塑造性、表现力更强，更具有山歌和小调的韵味。打鼓草从早唱到晚，由清早歌、接太阳、吃烟歌、花歌、立学堂、吃饭歌、扬歌、茶歌、唱古人、放风流、送太阳等十一个部分构成。

随着农村土地承包责任制的改革，打鼓草这种在永善县民间流传百年的特殊文艺形式，也在逐步消失，保护传承这一珍贵的非物质文化遗产，任重而道远。

正如歌词中写道：

> 路漫漫来道弯弯，历尽沧海和桑田。
> 歌生歌灭时时有，打鼓草歌代代传。

傩戏，民间戏剧活化石

傩戏，又称端公戏，俗称做法事，流传于永善民间，既用于超度亡灵、消灾、祈福、求财、还愿，又具有表演性和观赏性的古老的文化现象。

浑厚的牛角号声，吹过洪荒的原野，响过苍凉的山谷。端公先生身着法衣，手持铜铃，在清脆的木鱼和铿锵的鼓锣声中，亦吟亦诵，亦歌亦舞，缥缥缈缈的檀香、蓝色的火焰，虔诚的仪式里演绎神秘的童话。

据记载，傩戏在商周时期就盛行于中原地区。先秦时期出土的青铜人像面具，与现在流行的傩戏面具相比较，在表现手法、艺术风格上具有惊人的相似之处，粗野、强悍、大朴不雕，从中可以看出数千年的文脉传承。经查阅傩戏传承人的家谱及相关资料，永善傩戏起源于江西吉安，清乾隆年间，由江西经四川传入永善。

如今，永善傩戏已形成了一套比较完整的表演形态。傩戏

傩戏表演

分"文坛"（阴事）和"武坛"（阳事）两类。文坛是为去世的亡人做超度的法事，有开路等丧葬祭祀活动。武坛是替活人酬神驱鬼、禳灾祛邪、求吉纳福等庇佑的法事。角色分生、旦、净、丑，用木雕面具来区分人物。端公戏的演出更多的是武坛活动。武坛主要有庆菩萨、庆坛、打傩、还钱等法事。武坛法事在程式化的表演中，端公先生相应插入与法事相关或对应的戏剧表演，且把武坛表演分为正戏和耍戏。正戏是端公戏具有本质的戏剧形态，以面具为特征，由端公扮作神话角色，以戏剧形式表现与祭祀相关的情节和内容。根据法事的需要，端公先生戴上不同的面具祭祀作法，面具成了神的象征，端公先生也成了神的化身。武坛中的耍戏又称为春戏、花戏或笑坛，是各种祭祀的活动中，世俗化色彩很浓的傩戏。表演中插入了许多风趣幽默的内容，表现世俗生活，调节活跃气氛，为群众所喜爱，与正戏相比，耍戏可谓："有正坛，有玩坛，正坛不如玩坛好；出大脸出小脸，大脸更比小脸花。"

在傩戏的表演中，宗教祭祀与戏剧表演相结合，祭中有戏，戏中有祭，是祭戏相间、互为补充的一种独特的艺术表现形式，也是沿袭久远的民俗活动，是蕴藏在历史的页岩和时光中的戏剧活化石。由于剧目情节的戏剧化及角色表演的生活化，使傩戏具有很强的娱乐性，名为娱神，实则娱人。

傩戏的剧目，在表演形式上有自白、帮腔、演唱、对白等，这种文化式样仍处于较为原始的阶段，但基本具备了戏剧的元素。傩戏根据不同的表演内容，其步法、节奏也不同。通常情况下，众人击乐伴奏，人声帮合，端公手持法器、口诵经文或捧香鞠躬敬神，或双手作揖颂神，或根据各类菩萨所在的方位，三两步一转身，四五步一变换，呈"之"字或者"8"字步，朝拜诸神。舞步庄严肃穆，节奏时快时慢，动作变化小。在黄华陶氏傩戏传承人手中，保存有一百多部剧目。其中有正坛剧目《开坛》《发牒》《九州》《功曹》《正台》等58部，有耍坛剧目《礼请》《对口词》《压牒》《请水》等50部。

源于宗教祭祀的傩戏音乐，以端公唱腔为主，曲调被民间称为"神歌""神腔"。尤以武坛法事唱腔占有特别重要的地位，器乐主要是打击乐。唱腔音乐在继承古老的江西弋阳腔的同时，融入了四川傩戏和川剧高腔的唱法。在陶万坤家传的唱本封面上，大多写着"巫门科仪"等字样，唱本曲谱以四二拍节为主兼有四三拍节，在长期的流传过程中，还受了佛教和道家音

乐的影响，如"结冤""勾魂"等曲调直接来源于丧事道场的音乐。从总体看，端公戏的音乐具有古朴凝重、结构短小、旋律平缓、节拍混合、吟诵自如的特点。

黄华镇凤凰村傩戏传承人陶万坤，祖上在乾隆年间从江西迁入永善，至今已八代传承，现有传承人三十多人。清宣统年间，因黄华龙冲河遭遇泥石流灾害，百姓认为是"走龙"。其爷爷陶顺凡受乡邻所托，曾做三天三夜规模巨大的法事，为乡亲们消灾祈福。陶万坤天资聪慧，记忆力强，心灵手巧，能用香樟、梨木、桐梓树等材料，雕刻栩栩如生的菩萨和面具。陶万坤傩戏表演技艺超群，在沿江一带享有盛名，常被邀请到四川雷波、金阳一带做傩戏表演。在陶氏傩戏的传承中，最具神秘色彩的是野猪坛。据陶万坤讲述，2005年四川雷波油房沟一李姓人家因野猪常下山损毁庄稼，遂请陶万坤到家做野猪坛。陶万坤师徒五人，在两天两夜的法事中，通过"申请""垫灶""出灵官""耍坛""纳牲"等法事，将一头野猪招至李家，杀之敬奉诸神，这堂法事令李氏人家佩服得五体投地。

无所不及，意识超强，玄奥、神秘、庄严的傩戏，奉道兼佛，以万物有灵、天人感应、生死轮回的传道式样，在冥冥寂寥中，解读了万物依存、和谐共荣、生生不息的自然法则。

傩戏脸谱

民间遗存：演绎天人合一的传奇

> 俗话说，高手在民间，一点不假。
>
> 文化，作为一种历史的积淀，一种精神的传承，也是一种发展变化的记录。许许多多"民间大师"创造的绝活和传统技艺，凝聚的是这方百姓生活智慧的结晶。在世袭的传承中，已成为最鲜明的文化符号，成为一个地方最具代表性的民间文化品牌，成为永善人的骄傲，让人看到了民族文化孕育的原汁原味的永善。

江风韵合狮子舞

在风光旖旎、漫江碧透的金沙江畔的黄华镇，活跃着一支民间舞狮队。每当婚丧嫁娶、重大节日或庆典，狮子舞便在江风与鼓锣伴奏声的韵和下舞起来，观者成百上千人。

在永善甚至昭通，提起金江狮舞，多数人都知道黄华的"张狮子"。

2017年的夏天，有幸走进黄华，见识了有名的"张狮子"的表演，享受了一次丰厚的文化大餐。在黄华镇朝阳移民新区的广场上，八张八仙桌依次叠起，在乡亲们高涨的热情中，"张狮子"传承人张忠文正指挥着他的狮舞队进行精彩的表演。穿着黄色"狮服"的乐队，在小锣的引领下，奏出节奏明快的锣鼓。两只狮子在"小脸"猴子的指挥逗引下，腾翻、扑跌、跳跃、登高、朝拜，配合默契，动作敏捷。小脸与和尚配合，做腾空跳跃、前后空翻、组合穿越等表演。表演进入高潮时，在急促的锣鼓声中，两对狮子配合跳上高桌，在最顶上的一张宽不到一米、"四脚朝天"的桌上，

狮舞

做"画眉吊线""乌龟淘沙""空中飞燕""猴子栽桩"等精彩绝伦的表演。

"狮子舞"又名"狮灯舞",一般与"龙灯"合演。民间流传,张狮子起源于少林武狮,后辗转传承于河南开封府一武狮。该武狮收一徒弟,此徒弟以武术和狮舞卖艺为生,流落到广东省长乐县(今长乐市)黄角丫村,传于张姓。在长乐县,张姓是个大家族,男的人人习武,学狮灯,因此名噪一时。后因广东大灾,张姓六个兄弟便以"狮灯"武术闯荡江湖。至清

朝中叶，转徙于金沙江畔的永善县黄草坪定居。后迁居黄华镇黑铁关，以祖传狮灯世代相袭，至今已传承十四代，后嗣繁多。张氏兄弟传授技艺不保守，在金沙江边一带卖艺纳徒，桃李众多，技艺精湛独特，自成门派，声誉很高，民间多以"张狮子"代其姓。

"张狮子"精湛的表演技艺和富有创意特色的艺术造型，深受观众喜爱，享有极高的盛名。张狮子著名传承人张大银，绰号"张狮子"，1895年生，黄华镇黑铁关人，少时好武喜狮灯，十一岁拜师学艺，闻鸡起舞，吸众家之长，发展创新狮舞表演。张大银武功高强，狮舞刚健强劲，技术娴熟精湛。曾应云南省主席卢汉之邀，带领门徒到昭通登门献艺，深得观众称赞。

张狮子每队由十人组成，其中四人伴奏，二人穿着黄色的衣裤或四色衣裤披狮皮扮演狮子，一人戴面具右手执蚊帚扮笑和尚，一人戴面具，手持禅杖扮演沙僧，一人持九齿耙扮演猪八戒，另一人戴猴子面具扮小脸。狮皮以蓝色为底色，配以红、黄、白、黑、绿五色条纹，色彩十分艳丽。狮头用纸糊，装饰红、黄、蓝、绿、黑等图案。

狮舞

狮子舞有起式、哑剧、平台、高台、武术五个部分。

起式为狮子舞的开幕式，共有进门狮子、开四门、双狮抢宝、单齐滚、双齐滚、被四门、四门剪脚、四门抽手、岩鹰展翅、大四门、小四门、四门过身、碰四方、碰四门、恨四门、丢四门十六个套路。

哑剧，是以动作和神态无声的表演生活趣事和民间故事。表演内容有：狮子牵线、狮子吞象、狮子备鞍、药王采药、青龙饮水、踩小四门、关门下锁、热水洗脸、撞钟击鼓、狮子还魂、点火炮、敬菩萨、学文化等。"张狮子"在传统技术动作的基础上，哑剧部分还融入了体操的技巧，独创了七人组合叠成牌坊、人塔的造型，小脸在人塔、牌坊上做各种新颖、独特造型的表演。诙谐、含蓄、幽默、滑稽的哑剧表演，具有很高的文化艺术含量、精彩动人，备受观众喜爱。

耍平台，就是和尚、猴子、狮子以一张饭桌为中心，在桌上或地面表演各种动作和神态。和尚和猴子以打趣为主，狮子做单踢、双踢、切角、乳燕含沙、狮子打滚、白马献瑞等表演。张狮子以开放包容的胸襟和大山一样的情怀，兼收并蓄，吸收其他艺术门类特长，使狮舞表演的艺术性、观赏性和内涵得到丰富和拓展。现在的张狮子传承人张宗文，在序曲部分融入了杂技表演的元素，增加了"前后滚翻""空中滚翻""单手前空翻""走倒路""罗汉拳"等表演，娱乐性、观赏性更强。

耍高台，是张狮子最精彩奇绝的表演内容，也是狮舞表演的高潮，奇险绝伦的表演，令人凝神定气、叹为观止。传统的张狮子表演有竹竿和饭桌两种，流传至今，竹竿表演已经消失。相传张狮子曾经在重叠的二十张饭桌上表演，离地近二十米高。现在表演最高一般为十二张饭桌，离地约十米。耍高台

使用的饭桌又称八仙桌，必须稳固牢实，上下桌子一样大小。所用桌子一张张往上重叠，最上面一张桌面朝下，桌脚朝天，俗称"翻天云"。桌子重叠好后，领头的指挥着四人奏乐，向观众"打加冠"办"交接"，意为狮队卖艺求生，恭求理解支持。然后，八戒和沙僧在地上做滑稽表演，狮子从底层桌子的空隙中逐级穿越上桌。神气十足的狮子眨巴着一对大眼睛，摇头摆尾在观众面前鞠躬问候，只见狮子后脚一蹬，前脚一踢，轻快地跳越上了第一层桌台，然后逐级往上穿越，到达"翻天云"后，狮子在最顶上的桌子上，做"狮子清档""独龙转柱""狮子飞脚"等表演。表演结束，退居桌空中间坐定。同时，和尚和猴子也尾随上桌到达"翻天云"，与在最顶上的狮子共同表演"画眉吊线""乌龟淘沙""空中飞燕""猴子登天""猴子搬桩""猴子栽桩""擎天一柱"等奇险动作。此时，鼓锣声铿锵激昂，如潮水般波澜壮阔，观者屏气凝神，惊叹叫绝！翻天云表演在十多米高空的桌上，桌子宽不到一平方米，师徒四人在上表演，不系安全绳，全凭四人之间的默契配合，把握平衡，可见"张狮子"表演者技术精湛，已达炉火纯青之境！

耍武术，是"张狮子"与其他狮舞相比，独有的个性特征。黄华张狮子因起源于少林寺，是民间狮舞与少林武术的结合。因此，"张狮子"在世世沧桑的传承中，各代传承人尚武、习武，十八般武艺样样精通，身手矫健，精悍勇猛。2006年，我们到黄华镇采访，目睹了张狮子武术的刀、枪、棍、拳术的精彩表演。

"张狮子"在表演上的另一艺术特色，是极富表现力和感染力的打击乐。"张狮子"的乐器有小锣、大锣、小鼓和钹。以四分之二和四分之三节拍为主，在表演技巧上，小锣领头指挥，大锣以收为主，小鼓紧跟旋律，即"娄"（小锣之声）要搂得起，"策"（大锣和钹同击之声）要拆得出，大锣需快收，鼓点如爆豆。狮舞锣鼓分耍锣鼓和狮子锣鼓。耍锣鼓有三百多套，常见的有一百余套，主要在表演前招揽观众或逢年过节娱乐演奏。其旋律节奏变化不大，音调平缓抒情，如行云流水，声音明快。狮子锣鼓是表演狮舞时演

熬糖

奏的音乐。根据表演剧情的变化,时而舒缓,时而局促,嘈嘈切切,如丝如雨。其旋律变化大,高低、强弱、快慢对比强烈,抑扬顿挫,铿锵悦耳,急如金江怒涛,慢似山间细流。狮子锣鼓作为一种民间音乐,虽无管弦乐的清幽,琴声的曼妙,但它却具有一种粗犷朴实、旷达通明、明德向善的原生态之美!

在民间,每逢春节或者重要节庆日,狮舞表演、龙狮巡游成了必不可少的喜庆、娱乐方式。声名在外的"张狮子",常应邀到县内外一些上档次的文化活动中献艺,在永善首届"狮王争霸赛"上夺得了"狮王"的桂冠。

乡愁熬制的甜蜜

随风摇曳的甘蔗园旁,炽热的阳光透过榕树的枝叶,斑斑驳驳地洒在穿木结构的糖房上。房内热气蒸腾,炉膛内火苗刺刺,制糖师傅挥舞长勺,将金黄透亮的糖水舀入土制的糖碗内。旁边,一位长相甜美的姑娘,将早先舀制的糖碗底部的布带一拉,瞬间排排香气扑鼻,色泽鲜亮的碗儿糖就跳出模子,

整个村庄弥漫在甜甜的香气中。

　　务基镇青龙村、码口镇龙泉村出土的文物佐证，永善传统制糖工艺的传入，大约在西汉以后。清《嘉庆永善县志略》记载，"甘蔗，有红白两种，又名建南"。在永善沿江的黄华、大兴、码口、务基、溪洛渡等乡镇，长期保存着传统的土法制糖工艺。《永善县志》记载，民国十九年（1930年），全县有糖房20余处，每座糖房30人左右，每年榨期约3个月，年产红糖1400余吨。

　　在码口镇，一个坐落在金沙江边的自然村落——溜筒江，被誉为"糖汁里的村庄"，至今仍保存着传统的榨糖工艺。溜筒江曾是一个古老的渡口，因江水湍急不能用船摆渡，云川两省村民便在金

① 糖汁里的村庄（码口）
② 收割甘蔗

❶ 扬汤
❷ 传统碗儿糖

沙江的峡谷上架上溜索过江，因此得名溜筒江。溜筒江因地理位置的特殊性和传统工艺制作的红糖数量多、品质好而远近闻名，但真正让溜筒江的名声走出国门，具有传奇色彩的，是2000年日本东京电视台在这里拍摄专题片《世界人情走访记·红糖村》，以及后来在境内外各大知名电视台的传播效应。

所谓土法制糖，就是沿袭历史上传承下来的制糖工艺，以一个村子、一个寨子或几家农户为单元，统一班期，相互协作，制糖的各个环节有专业分工和严密的程序的作坊式生产。土法制糖可分为外业工序和室内流程。外业工序有砍运甘蔗、打梢尖、去皮搂捆甘蔗等环节；室内工艺流程有榨蔗汁、熬糖、打杠子、舀糖、扯糖、吹糖、包糖等，各个环节和生产流程都有专门的师傅主持把关，多人配合。土法制糖一般在每年冬月开始，次年清明结束。

走进红糖村，青纱帐一般的甘蔗林里，妇女们挥动镰刀，收割甘蔗，田埂上背运甘蔗的村民和驮运甘蔗的马队，形成长长的队列，蜿蜒其间，人声鼎沸、驼铃声悠。室内炉火升腾、雾气弥漫。浏览整个制糖的流程，宛如欣赏一幅绵延久远的民俗风情画卷。

村民称开始榨糖为"开班"。开班前，要做很多准备工作，诸如检修碾杆、碾子，清理碾盘等。石碾用石柱、硬木支撑固定，石碾上凿有方口，装入硬木方，形成转动齿轮，用二至四头黄牛或水牛，套于碾杆，拉动碾盘转动，榨出蔗汁。开班前，按传统习俗要用白酒、刀头肉、香蜡、纸钱祭祀"糖神"，祈求神灵保佑多出糖、出好糖。传说，石碾榨是鲁班师傅制造的，祭祀鲁班的同时也是祭祀去世的喂榨人，也称过碾人，祈求先民保佑溜上的村民们平安幸福，日子过得甜甜蜜蜜。2003年，我们在黄华镇甘田村拍摄古树名木时，见村旁一棵三四人合围的古榕树，树根包裹着一个直径约二米多的大

石碾,盘根错节间,石碾隐隐显露于外,甚为震撼。

开榨了,溜上的"冬榨"拉开了制作红糖的序幕。村民们吆喝着水牛往前走,几千斤重的石碾子滚动了起来,浓稠的甘蔗汁经过水盘,像清泉一样从碾槽流进了滤池……

熬糖。熬糖是土法制糖的关键环节。糖汁经过一段时间的沉淀后,用皮管引入一字排开、大小依次递减的九口大锅,俗称"牛尾灶"。"糖要好,灰足、火够、泡子清",在糖水煮沸后,熬糖师傅要放入适量的石灰水清除泡

土榨

沫，除去杂色。边熬边用长瓢搅动，待糖汁有一定稠度后，依次将糖汁舀向后面的锅内熬制。九口锅大小不同、熬制的时间不同、火力不同，火候全靠熬糖师傅凭经验把握和烧火师傅的配合。

打杠子。当糖汁在最后一口锅内熬至黏而不断时，放入适量的石灰水和植物油，约5分钟后，掌勺的师傅一声"起"，将糖汁舀入糖缸中，用木制糖棒将糖汁搅拌至砂状。制糖师傅技艺的高低与糖的质量的好坏关系甚大，往糖锅中加石灰水和植物油，要根据甘蔗品种、地块、水土、节令等因素，综合考虑，恰当掌握，凭经验来判断。

舀糖。上千个泥土烧制的糖碗有序摆放，在土制的碗内放上橘子叶片压底，喷入适量的水。技巧娴熟的师傅挥动长勺，一勺勺将糖汁舀进碗里。

扯糖。当缸内的糖舀得差不多了，热情的村民们就会利用缸内剩下的糖显露绝活——"扯糖"。几分钟后，糖稀被他们用手扯得细如发丝，金黄透亮。

吹糖。当糖稀在糖模碗内冷却过程中，就有二至三个师傅口对着即将冷却的糖——"吹糖"，将糖从碗内分离出来。这些

工序完成后,呈碗底状的"碗儿糖"便制作完成,然后由包装师傅用甘蔗叶进行包装。

土法制作的红糖,色泽金黄,造型古朴、典雅,包装别致、香气浓郁、品味纯正。红糖放在杯里,冲下开水溶化后,红糖仍呈碗状。用吸管轻轻插入糖汁中心,将糖汁吸出,杯中剩下的清水,仍旧清澈澄明。

在"溜上糖乡"的糖村里,待客不用茶,而是用甘蔗和红糖。红糖出炉,一阵阵诱人的糖香,弥漫在糖房和村子的上空。咬上一口"碗儿糖",清香扑鼻,香甜酥脆。吃一口香脆甜润的糖丝,溜上村民暖暖的情意溢满心间。

溜筒江的红糖,是乡愁酿制的甜蜜。走亲串戚的见面礼也好,馈赠亲朋好友的佳品也罢。出门在外,那渐行渐远的糖香,便是游子归乡浓浓的牵挂和记忆。

土碉楼,不能忘却的乡愁

在北京,有朋友从手机上发来一个网址,一位广东画家,以"守望乡愁·碉楼艺术作品展"在深圳展出。打开链接,看到画家以"开平碉楼"与"村落"为主题的作品,不禁勾起了我对故乡永善"碉楼屋影"的怀想。

"碉",《现代汉语词典》解释为"军事上用以防守,便于射

❶ 榕树和榨糖的石碾
❷ 老糖房和碉楼

金沙江畔的碉楼群

击瞭望之建筑物"。中国以"开平碉楼""川西藏羌碉楼"最有代表性。前者兴建于民国时期,吸收了西方建筑之特点;后者建筑年代久远,有上千年的历史。碉楼,作为极具特色的乡土建筑,西南地区为全国之首,当代民族史家马长寿认为:"中国之碉,仿之四川,四川之碉,仿之嘉戎。"永善碉楼,是藏羌地区碉楼向内地传播的过程中,逐渐和汉族传统民居相融合,在金沙江边形成的一道独特风景。

建筑是社会、文化变迁的历史见证,碉楼的产生自有特殊的社会背景。《蜀中广记》载:"垒石巢而以避患,其巢高至十余丈,下至五六丈。"其建造地域、时间多在社会动荡之时,安全形势严峻的地区。永善在清雍正时期"新定地方""逼处金沙江,接连凉山巴补一带川夷"。在昭通"改土归流"后,永善和四川凉山州彝区隔江相望,实为川滇两省之屏障。在清代驻有"昭通镇标右营",并在米贴汛驻"江防游击"专事沿江防御,在这种情况下碉楼便成为防御功能极佳的建筑。《皇朝武功胜记》记载:"于墙垣间以枪、石外击,旁既无路,进兵必须从枪石过,一碉不过数十人,万夫皆阻。"可见清军在"大小金川之战"中吃尽了苦头,也见碉楼防御之力。在清末民国初期,永善无论官方还是民间都大量修建碉楼,其建造时间从清代、民国一直延续到20世纪70年代,逐渐成为永善民居的一种较为普遍的形式,最盛之时全县有碉楼一千多座。

永善的碉楼,主要分布在沿江乡镇和境内的交通要道上,大小形制差别各异,主要以防备匪盗为主要功能,体量大者可以直接居住其中,体量相对小者遇有警讯藏于内以防御,平常兼有储藏功能,用来存放

粮食、蔗糖等物资。在原永善溪洛渡、向家坝水电站库区，随处可见用石头或者泥土建成的碉楼，像英勇的卫士，庄严肃穆，与具有川南民居特点的农家院落形成完美的构成，依山就势，顾盼呼应，错落有致地融入自然环境中，体现了天人合一的理念。从江上乘船往远处眺望，在气势磅礴的峡谷深处，在翡翠般的柑橘林、香蕉林、甘蔗林中，隐隐可见三五成簇的民居，依偎在高大的榕树旁，在绿荫的护佑下，院落中的碉楼显得格外夺

土碉楼

目,山涧白云缠绕,山谷潺潺溪流,仿佛一幅灵动的水墨画卷。

对碉楼称呼,永善还有碉、印子、印房、瞭楼的叫法。在建筑材料的使用上,上半县以夯土为主,下半县以石砌为多;屋面多为"硬山""悬山"顶,少数为歇山顶;等级高者在墙面还饰有彩绘。在江边的村落中缓缓行走,穿行于鳞次栉比的民居间,细细品味风格各异的碉楼,心情格外沉重、肃穆、敬仰,轻轻触摸斑驳的墙体,仿佛触及历史深处的律动,冥冥中碉楼的故事在诉说,可以聆听百年历史的风云从指间飘过。

永善碉楼,主要作为民居的附属建筑而存在,因在形式上高于其他民宅构成,形成了永善民居建筑中亮丽的风景。按碉楼和民居建筑的构成,附着形碉楼相对独立,不改变民居建筑的基本布局,相对独立而存在;嵌入形碉楼,将碉楼组合到住宅平面中去,与民宅紧密整合为一体;围合形碉楼,这

种碉楼民居多为大户人家修建，在大型四合院群组外修建围墙，在围墙四角或适当位置高筑碉楼，远看像一座小型城堡，也称"寨堡式民居"。

在永善，最具代表性的碉楼是大兴镇的"曾泽生故居"和"贺氏老宅"。碉楼和穿斗民居，本是两类不同性质和风格的建筑，如今却在时光的流逝中有机地结合在一起，相映生辉。从外形结构上看，既有民宅的特征，又有碉楼的形态。碉楼一般为三层、四层，有五层、六层的，有的碉楼还有隐蔽的地下室。

建筑是立体的艺术，凝固的音乐，记录着远去的历史文化信息。曾经屹立峡谷深处的碉楼，为即将消失的文明和文化传统，提供了独特的甚至是特殊的见证。

故乡的碉楼，一缕挥之不去的乡愁，难以忘却的记忆。了解碉楼，记住碉楼，保护碉楼，就记住了乡音乡情。

土碉楼

竹编工艺

竹编，指尖上的艺术

细如发丝的竹丝，犹如流动的琴弦，跳动的音符。

一支或者几支修竹，经竹编师傅巧手，一件件精美绝伦的竹编工艺品就呈现在眼前。情丝缠绕间，讲述着乡村的故事；一青一黄间，幻化庄周的彩蝶……

一个个小簸箕，编织图案似流水、如行云；一把把小凉扇，编织吉祥文字，祝福平安幸福；一个个小背篓，编织上卡通图案或童话故事，憨态可掬，寓教于乐……丰富的图式和各种造型的竹编制品，透过历史的浮尘，泛着清幽的光泽，承载了厚重的农耕文化和风土人情。

永善竹资源丰富，载入《嘉庆永善县志略》和《永善县志》的有苦竹、刺竹、斑竹、扁竹、楠竹、滑竹、水竹、箭竹等。永善竹编主要分布在溪洛渡镇、佛滩、团结、桧溪、细沙一带，尤以溪洛渡镇四角村、甘河村、双凤村的竹编最具代表性。竹编分为立体编织和平面编织。双凤竹编主要分为观赏性和实用性两类。观赏性竹编以小背篓、扇子、小簸箕、提篮、花篮、针线篮、水果篮、鸟笼为主，做工精细，造型小巧别致。实用性竹编有撮箕、背篓、筛子、簸箕等。竹编的工艺流程一般分为：选料、锯节、剖篾、制丝、起底、编制、收口、锁边几道工序。若是制作工艺性竹编，制丝是其重要工序，丝细而匀方能编制好的器皿，且竹丝还必须经过煮制、染色、配色等处理。

世人爱竹，却不以篾匠为然。竹编之人世称"篾匠"，多因生活所需，以竹编为业，赚取少量的劳动收入，养家糊口，没有彰显的地位和名利。然而，竹编艺术博大精深，为民俗艺宝，在我国传承千年。中华传统，以谦虚为荣，艺精者藏于民间，成于乡野。在永善溪洛渡镇双凤、四角、甘河村，就有不少祖宗三代从事篾编的民间艺人。罗树华、邓培安、谢吉禄、

柯尊广、谢吉顺……这些平凡朴实的名字，必定载入永善竹编艺术的历史。现年71岁的罗树华，9岁随父亲学篾编手艺，现在永善县城景凤路开了一个不小的门市，专门销售竹编产品。罗树华为人和蔼可亲，生意做得灵活，在他的店铺上，既有精致的竹编工艺品，又有农户家用的日常用品。他编的簸箕盛水不漏，其篾编的工艺品提篮、花篮、竹扇、"福·禄·寿·喜"、小簸箕等，远销昆明、成都、广州及贵州、新疆等地。罗树华一家至今已五代传承篾编艺术。其祖父手艺精湛，在西南三省享有盛名。罗树华回忆，清末年间，其祖父在贵州做篾编遇到一件有趣的事。当时，他的祖父带着几个徒弟到贵州的一家客栈，老板娘问：客家是做啥的？其徒弟回答：我们是在青龙背上走路的。老板娘疑惑不解。徒弟又道：我们是在青龙背上划刀的。聪明的老板娘知道他们是篾编艺人，便热情地递上茶水，灵机一动说：我正想请师傅做几件东西。叫打打紧、不打紧、三个角、角对角、"好吃好吃"就刹阁（"好吃好吃"方言为吆吼鸡的声音。"刹阁"为方言"结束"的意思）。徒弟听了，有点发蒙。他祖父忙说：客家是要做一个打紧的簸箕、不紧的筛子、三个角的扇子、三角形的字纸篓、一个吆鸡的"响篙"吧？老板娘听后佩服祖父的聪敏和高超的手艺，忙招呼到店内，酒肉款待。

永善竹编，制作精巧，款式丰富，形成独具特色的民间工艺品。竹编艺术，世代传承。竹编艺人，以为家业，秉承竹之虚心、劲节、坚韧的精神，不为利所往，不为名所困，以心为艺，潜心钻研，精益求精，以勤劳之躯，尽己能，遂人愿，用精美的竹编制品，表达真情实意和待人接物的匠心。

在溪洛渡电站库区，一百多公里的峡江，漫江碧透，游览峡谷风情，听渔舟唱晚，品名特小吃，走进竹编村落，欣赏民间艺人悉心制作的精美竹编制品，聆听竹编艺人用竹编艺术讲述溪洛渡的故事，实乃心灵的享受。

乡场上的篾匠

舌尖永善：品尝地道自然美味

饮食，是人类的天性，正所谓"民以食为天"。

五千年悠久历史的传承，先人们留给我们的不仅仅是诗词歌赋，不仅仅是他们聪颖的智慧，同时，也留下了他们的饮食文化。勤劳善良、智慧的永善人，钟情于食，善做很有地方特色、色鲜味美、清爽可口的传统美食，在一种回归自然的生活中，把美食做成一种文化。

五星枇杷

荡气回肠"永善味道"

"麻、辣、烫"是"三川半"人家的"头三味"。"麻"是"永善味道"的代名词。

逢周末，邀几个钓友，带上钓具，锅碗，驱车到金沙江边去垂钓。

钓到中午，各自都有了收获，黄辣丁、水鼻子、小白条，甚至江鲢。在众钓友饥肠辘辘的时候，沿江岸捡些水柴，生火煮饭。

在锅中放入猪油，再放入姜、葱、蒜、盐、辣椒等作料炒香，加山泉水，水开后将剖好洗净的江鱼放入锅中，这时在江边的花椒树上，摘下两三枝鲜花椒放入锅中，麻味绵长、清香扑鼻的鲜鱼汤就做成了。

盛一碗煮熟的大兴鸡蛋面条，冒上鲜香的鱼汤，即刻让人满口生津，一碗汤喝下，一碗面下肚，额头上冒出细微的汗珠，浑身感觉通透舒畅，鱼香回味，荡气回肠！

亘古千年，一路向东的金沙江，在永善县境内形成一个突然向西的大转角，特殊的地理位置和气候环境，成就了品质独特的"金江花椒"。三千年前，团结大毛滩新石器时期的先民，用泥土烧制网坠，在团结小河流域，开始了渔猎生活，那时的先民也许就用花椒，制作鲜美的鱼汤，浓郁的花椒香味，从大毛滩新石器遗址的历史深处，一路飘香，沿着南方丝绸之路，乘着秦汉的晚风，点缀了唐宋的风花雪月，滋润了明清后宫的生活，在历史的轮回涤荡中，演绎着一个个诱人的故事。当中华民族用神州火箭把"天宫一号"送入太空，探秘浩渺宇宙之际，上苍又把"金江花椒"这个修炼千年的灵物，赐予了勤劳善良的永善人民。

如今金江花椒，誉满天下。当颗粒肥大、香味浓郁、麻味纯正的金江花椒粒、花椒油、花椒粉，一次次被远在他乡的游子寄予对故乡的牵挂和嘱托，飞越千山万水，送到朋友和亲戚手中时，在大

花椒

羊肚菌

城市的餐桌上调制生活"滋味"的时候，种植面积达三十万亩的永善"金江花椒"，也迎来了它辉煌的时候，开始声名在外。

"山高吓死你，桐花艳死你，花椒麻死你……"这是一首描写"金江花椒"产地码口的歌词。其实，永善的花椒不仅是麻味重，而且香味浓郁，具有祛风除湿、顺气、驱蚊、调制美味的功效。这天地孕育的绿色之宝，渗透进普通百姓的生活中。劳作疲惫之余，或者野外中暑之时，随手从树上摘几粒鲜花椒放入口中，从舌头到嘴唇，一股酥麻的感觉随之而来，特别的清香贯通脑际，神情顿时清爽了不少，胃肠气也顺了许多。在永善，无论是煎、炒、煮、蒸制美食，还是大餐、小吃，都离不了用花椒做调料。在民间，永善人吃花椒，有"釜中不闻椒飘香，纵有姜桂亦枉然"之说。

❶ 葡萄
❷ 砂仁

　　盛夏时节，从溪洛渡电站库区马家河坝，乘游船顺江而上，立于船头，放眼峡江两岸，务基、黄华、大兴、码口等镇的江边，一丛丛，一片片，一簇簇的金江花椒，在阳光下纵情生长，连片种植的花椒林，像给金沙江峡谷铺上了绿装，江边民居点点，碉楼点缀其间。浓郁的椒香，伴着回荡千年的江风，肆无忌惮地钻进身体的每一个毛孔，丝丝缕缕的，仿佛酥软了每一根神经。

　　码口雪金村金光二组，村民姜明卫家地里有一棵百年花椒树，树冠遮掩面积近80平方米，枝繁叶盛，形如巨伞，年产干花椒60余斤。仅此单株产量，椒农年收入就4000余元，可在当地购买大米1300余斤，基本可以满足一家三人的口粮。这棵硕大的花椒树远近闻名，已培育花椒苗十多万株，销售到了贵州、重庆、湖北武汉及本省的西双版纳等地，当地群众称之为"花椒王"，视为神树。每当春暖花开的时节，村民用红布系于树上，用香蜡酒肉敬之，祈求来年风调雨顺，花椒丰收。

　　生活有艰辛，田园有真趣。怎样生活人生才有品质，取决于人们对待生活的态度。麻味纯正的金江花椒，制成各种调料，调节我们的生活和对美好事物的向往。荡气回肠的"永善味道"，浸润到我们的生活中，使我们的人生多了一份闲适和真味。

细嫩爽滑的石磨豆花

　　记忆里，老家的石磨豆花，就是一份牵牵绊绊的乡愁。

　　小时候，豆花是乡下农村招待贵客的美味佳肴，也是儿行千里，回家进门的"头碗菜"。

　　"一颗豆儿圆又圆，推成豆腐卖成钱；人人说我生意小，小小生意赚成钱。"乡村腊月，年味渐浓，老家的集镇上家家都开始宰年猪、腌腊肉、推豆花，挂灯笼、写对联、贴门神。石磨豆花、压豆腐，成了家家户户必不可少的"年货"。在这段时间，放假回家

❶ 石磨豆花：磨豆
❷ 石磨豆花：点浆

的孩子们，总会三五成群，在泛着青光的石板街，一边跳橡皮筋，一边唱儿歌。

每天吃豆三钱，何须服药连年，五谷宣为养，失豆则不良。永善人喜食豆腐，无论城乡，随处可觅价廉味美的"豆花"饭店。永善的豆花细嫩可口、绵而不老、洁白如雪、窖水回甜。搭配特制的蘸水，味道堪称一绝。豆花的吃法很有讲究：先将豆花拈到汤匙或饭碗里，再用筷子夹一点蘸水涂抹于豆花，然后掺和着苞谷饭、高山腊肉一起吃，那味道真是麻辣可口，回味悠长。

　　外地游客或归乡的游子，总免不了要品尝一下"乡村味道"。一碗绵而白嫩的豆花，一份豆豉炒回锅肉，再配上用木甑蒸出的滋润、散酥、浓香的苞谷饭，麻、香、鲜、油亮的蘸水，平平淡淡，细腻可口的豆花饭，让人回味无穷。

　　石磨豆花的制作，从选豆子、泡豆子、磨浆、煮浆、滤渣、点豆花、包豆花，每一个环节都必须认真细致。三街"大众豆花"饭店的胡师傅说，永善的石磨豆花之所以好吃，就是用正宗的石磨磨浆，豆子用自种的老品种"八月红"，水用的山泉水，土石膏点制。它的奥妙之处在于：豆子优良、泉水做浆、慢磨浆细、微火烧煮、石膏点制。

　　制作石磨豆花的真正技巧，还在于点豆花，有的一气呵成，有的如和风细雨，绵绵徐徐。点制豆花要心平气和，悠悠微火，全凭一个耐心。看胡师傅左手端着石膏水，一点点滴入锅中，右手持锅铲，在锅中缓缓飘动，自信而优雅的酝酿，豆浆便在微微的炊烟和热气腾腾的蒸汽中，凝固成洁白鲜嫩的"仙子"。看到石膏黄豆的邂逅，彼此以纯真之情，寻着无法挥去的变幻胶着于此。我想起小时候爷爷讲述的黄豆与石膏的凄婉故事。传说，西汉淮南王刘安炼制长生不老丹，石膏是主要辅料之一。淮南盛产黄豆，刘安命人购置了大量黄豆存于府中磨制豆浆。仙丹非寻常之物，炼制困难，过程繁杂，屡次失败。身为辅料的石膏怀疑自己在炼丹过程中所起的作

石磨豆花

豆腐干

用,内心苦闷,常常唉声叹气。黄豆刚从豆荚中蹦出获得自由,对外面的世界充满好奇,整天兴奋地到处乱窜。一天,黄豆遇到心情郁闷的石膏,听到石膏在自语自责,便与石膏对话,你一言我一语,慢慢就聊起天来。在黄豆的开导下,石膏的心情越来越好,黄豆与石膏也渐渐产生了感情。虽然命运决定他们各有去处,不可能永远在一起,但情之所至,他们仍然山盟海誓永不分离。甜蜜与幸福转瞬即逝。刘安要用珍珠泉水磨制美味的豆浆,石膏眼睁睁地看见心爱的黄豆渐渐消失,心如刀绞,悲痛欲绝的石膏便纵身跳进装满豆浆的大锅中。在石膏慢慢溶化的同时,奇迹发生了,满锅豆浆变成了细嫩爽滑的豆腐。石膏与豆浆的契合,让两颗火热相爱的心凝固成洁白无瑕的灵物。两千多年来,这种爱以味觉盛宴的形式,在风云变幻的历史中不断演绎和延续。

说到石磨豆花,就不得不说石磨。在老家,一百多户人家的集镇上,就有十多副石磨。石磨一般安放在房前的院坝旁边,上边搭了简易的棚子遮风避雨,老百姓叫磨坊。村里乡邻和谐相处,不管张家或李家的磨坊,只要闲着家家都可以使用。无形中,石磨成了大家的公用品。

石磨因用途各异,种类也比较多。有直径将近两米的碾盘,也有两个人就可推动的腰磨。还有一种比较小巧,一人单手就可以推动的手磨。更有一些能工巧匠,精雕细刻出玲珑小巧的具有观赏性和收藏价值的石磨,作为一种工艺品在民间收藏。

圆形的石磨平稳地安放在牢固的方形木架上,寓意天圆地方;石磨亦分阴阳,上扇为阳,下扇为阴,上下扇的中心有一根用硬木做的磨芯作为转轴上下连接。上下两扇磨子,阴阳抱合,乾坤律动,在低沉浑厚的转动声中,似日月轮回,生生不息,万象众生。

磨豆百石,自损一斤。这种现代人使用的"新石器"黯淡

无光,不忘初心,平凡坚守,终日重复着三百六十度的轨迹,将圆圆的黄豆磨成豆浆,还原真实的味道。

"一轮磨上流琼液,百沸汤中滚雪花。"从石磨上淌出的浆液流入木桶中,倒入铁锅烧开,再从锅中舀入棉纱布中过滤,滤出的豆浆再倒入锅中烧开,用石膏水点制,豆浆便慢慢结块下沉,咕咕嘟嘟地在锅中绽放"豆花"。舀上一碗加上酱油、葱花、油辣子和蒜泥,喝上一口满嘴溢香。永善有一歇后语,叫"小葱拌豆腐—青二白",说的就是这种豆腐脑。豆花清白洁净的品质,平淡中和、不俗不眉的气节,启示了我们做人的道理。

在磨坊"吱吱呀呀"的吟唱中,经过岁月消磨的豆腐,不分四季寒暑,悄然走上人们的餐桌。淡水豆花、老豆腐、懒豆腐、红烧豆腐、豆腐干、臭豆腐……回想起豆花的味道,心里就觉得暖暖的、美美的。

祖传秘制"务基膀"

四年前的秋季,在北京王府井大街的书店,我无意中发现一本由陈永和主编的《昭通特色菜谱集萃》,心里有些惊喜,想不到在王府井的书店会有昭通的菜谱。从书架上取下此书,认真翻阅,让我更没想到的是,里边竟有我的家乡——永善特色菜务基膀的介绍。不知是出于自豪,还是一种欣喜,毫不犹豫买下了此书。

出门在外十多天,与几位同道每天吃饭都点了不少菜,但是因为口味不和,总感觉吃不饱。刚回到永善,便邀约朋友到"五谷杂粮"饭店,点了务基膀、石磨豆花、回锅肉、魔芋炒酸菜等,美美地吃喝了一顿。果然,务基膀颜色橙黄,膀皮绵糯,入口即化,肥而不腻,色鲜味美,让人回味。

饮食是一种文化,务基膀也有其文化内涵。务基地处溪洛渡水电站库区,气候宜人,环境优美,有"小春城"的美誉。清乾隆年间,青龙村曾是滇铜京运的重要码头。吴姓是这里的大家族,在清乾隆年间,从黔东南的镇远铺,竹林坡吴家村搬入四川石板滩,后迁入务基,先后在白胜、青龙村居住,至今已有280多户,1000多人。

大锅务基膀

吴氏家族中的吴希宽聪敏好学,广交朋友,善经商,曾是当时有名的四大绅良之一。吴希宽从青龙的金江水道乘船到宜宾、泸州做生意,贩卖务基的花椒、砂仁、核桃、板栗、柑橘等土特产,再购进盐巴、布匹等日常生活用品,在务基和井底坝销售,还在县城购置了店铺。长期在生意场中摸爬滚打的吴希宽练就了一手绝活,他能左右开弓,同时打两把算盘,并且打出的数目一致。在吴希宽的影响下,吴氏家族中的很多人都到宜宾、泸州做生意。当时在青龙就有这样的顺口溜:

青龙物产胜天府,花椒砂仁顺江走。
吴三老爷生意忙,背起包包下叙府。
过了锅圈滩,又过石龙滩。
叙府街儿宽又宽,花花豆腐麻辣鲜。

吴三老爷喜膳食，长期走南闯北，开了眼界，长了见识，将祖上从江西、贵州传下的红烧肉的做法，与四川红烧肉的做法加以融合，做成了风味独特的务基膀。

务基膀，发源地在务基青龙村。当地有句俗话说：永善的膀在务基，务基的膀在青龙。两百多年来，务基膀在吴氏家族中代代相传，在青龙村几乎家家户户、男女老少都会做膀。八十三岁的吴德富，因为掌握了一手制作务基膀的好手艺，年轻时，曾在昭通的饭店掌厨，专门做风味独特的务基膀。

在青龙村，还有一个动人的传说：清雍正六年（1728年），锦屏彝族首领卢氏的女儿阿朵，与在青龙负责铜运的朝廷官员王某的儿子，于青龙古城相遇、相恋。当时彝族族规严禁与外族通婚，两人的婚姻受到双方父母的阻拦。在一个月光如水的夜晚，阿朵与心上人相约偷偷来到青龙嘴悬崖边的大榕树下相见，互叙衷肠，不能同生，情愿同死，悲痛之极，两人相拥投江。无巧不成书，两人投江后，恰好被江边捕鱼的渔翁发现，将他们救起，并告诉了官员王某。王某深受感触，内心愧疚，便主动派人向卢氏家族求婚，并承诺按彝族的规矩，隆重迎娶阿朵，经媒人多次说合，终于得到了卢氏头人的同意，两人喜结连理。

接亲那天，除了丰富的嫁妆，丰厚的彩礼外，当然就少不了彝族特色的"坨坨肉"。由于当时办酒席的汉族厨师从未做过"坨坨肉"，就仿照"坨坨肉"的做法进行加工。天长日久，这种做"坨坨肉"的方法，就在汉族的饮食文化中演变成了"膀"。

传说终归是传说，真伪无须去考证，但餐饮之所以成为一种厚重的文化，是因为它积淀了一个地方厚重独特的民风民俗。务基膀凝结了当地居民的智慧和朴素的价值观，形成了独特的民风民俗和饮食文化。

穿越历史的时空，我们不难想象，也许两百多年前，大清朝廷的官员就坐在青龙石城的客栈里，喝着当地酿制的烧酒，品着特色的务基膀，商谈金江航道的开发、滇铜京运的计划，谈论着东汉的历史逸事和风流韵事。务基膀成为南来北往客商的最爱，乘着江南徽州府客商谢仪盛运送楠木的船只，走进了草长莺飞的江南。随着黄金水道和茶马古道一路向东，影响了西南三省的饮食文化，也滋养了三秦大地上人们的味觉。

务基膀

如今，在务基镇，乃至永善的广大乡村，办红白喜事，都少不了务基膀这个大菜。上好的猪肉切成块状，经秘制，炸煮蒸制，它的色、香、味、型必牵动你的味蕾。青花三组，五十二岁的吴贡仙，敦实的身材，朴实的面容，常常带着微笑。青龙村乡邻办酒席，总会请吴贡仙当大厨。做务基膀三十多年来，他最多的一次做了三百多个"膀"，用去猪肉六百多斤。在谈到务基膀的制作时，他如数家珍，娓娓道来。

做务基膀的材料，最好用马楠乡或锦屏高海拔原生态的"跑跑猪"（野外放养）猪肉，主要选用猪脚、猪头、五花肉做材料；一般用一斤七八两的生肉做成一个膀。在农村办酒席，以膀为主相应搭配几个菜拼成"九大碗"，既简单又实惠。

备好材料后，将膀肉抹上精盐放在开水中氽一下，去除血水和杂味，然后用蜂糖与苞谷酒调匀抹在膀上，放入油锅中"走炸"，炸至膀皮金黄时，捞出放入山泉水中冷却。吴贡仙说，炸好的肉放入山泉水中冷却，这是务基膀油而不腻的关键。山珍海味，盐是头味。吴贡仙的师傅传给他最简单的方法是：一斤半左右的膀，控制到10个膀用一把盐的用量。膀炸好后，将膀划上"十"字形花刀，用新鲜棕叶捆好在大铁锅内煨炖。如果家庭做膀量少，做得更精致些，就用土砂锅慢火煨炖，这样煨炖的膀味道鲜，香气醇厚。煨炖时，先在锅底垫一层新鲜的棕叶或者甘蔗叶、砂仁叶，这样做出来的膀，会微微带一点清香味。垫好底后，将膀依次放入锅中，如一次做一百多个膀，就放一层膀，再放上一层作料。作料铺好后，在上层放些侧耳根（鱼腥草），加水煨炖。地道的务基膀都用山泉水煨炖，水基本淹没膀即可，一般用小火煨4~5小时，至膀皮脆软。煨膀时，锅口的边缘搭上菜叶，再用餐巾布搭盖严实。做膀的作料用豆瓣酱、金江花椒粒，生姜拍细，辣椒切成小段，锅中放入新鲜的猪油，将作料放入，炒到金黄色出香味时，加适量的水，放入胡椒粉烧开即用。

务基膀的特色，重在突出本味，所以在做作料时，不用八角、草果等香料。更讲究的是在膀出锅后，用"秘制汁水"浇上，上桌食用。

务基膀五味调和，质味适中。吸众味所长，又不失自身的特色，融"中庸"之道，形成"包容""平和""开放"的情怀。经过时间历练熬煮而成的务基膀，初识真诚爽朗，细细品味却绵远悠长，在生活的唇齿间灿烂肥而不腻的芳香。

慢火煨炖，把握火候。一大锅膀，在姜、葱、蒜、冰糖、花椒、辣椒等作料的陪伴下，这温和悉心的等待过程，需要平心静气慢慢地守候。色泽诱人，皮薄香糯的务基膀，冒着丝丝热气，合着浓郁的香味，直扑五脏六腑。夹一坨放进嘴里，肥而不腻，味纯汁浓，让人垂涎欲滴而惹得人心生温暖。

脆嫩鲜香箆竹笋

乡下的妹妹打电话告诉我，笋山又开山了。她请隔壁开面包车的老表，给我带来些箆竹笋，还说笋子主要吃一个鲜味，为了便于保鲜，带的是毛壳笋子，叫我自己剥，自己加工。放下电话，一缕悠然的亲情涌上心头。

30多年前，我从茶马古道上的老家大同古镇，带着对家乡的眷恋和对人生的憧憬，离乡读书。参加工作后，一直生活在蜂窝式的城市里，整天忙碌为生计奔波，很少回老家去，家乡的音容笑貌在我的记忆中，随着时间的消逝也渐渐地模糊了。

城市如潮水般的车流、穿梭往来的人群，让我忘记了这个季节，正是家乡桃红柳绿、山花烂漫、箆竹笋疯长的时节，甚至忘却了箆竹笋美妙的味道。

回到家，我将带着泥香和露水的箆竹笋，一层一层削去外壳，细细长长的竹笋，橙黄鲜嫩、润洁光滑，没有一点瑕疵的样子十分可爱。将剥出的竹笋放入盛有清水的锅中，煮上五六分钟，一股带着泥土芬芳的清香味便在室内弥漫开来，那些关于箆竹笋的记忆，也在这清纯之气中慢慢复活。

　　我老家在具有"箐竹之乡"美誉的细沙乡大同村。家处农村，家境贫寒，童年为了攒学费，清明节后，便常跟着父亲上山"打笋子"。头天晚上，母亲便为我们准备好装竹笋的"蛇皮口袋"、小刀、石灰粑粑等工具和山上吃的晌午。第二天早晨4点钟，睡意蒙眬中便被父亲叫醒，吃了母亲热好的饭菜，打着手电筒就往山里去。崎岖的山路上，"打笋子"的人越聚越多，若明若暗，不断流动的手电光，在漆黑的夜晚犹如游动的星火。走进原始森林，茫茫林海，绵延起伏，满目青翠。林间百鸟清歌，山花竞放。高大的乔木与层层叠叠的箐竹林、原始次生林，形成丰富的、梦幻般的色彩。禅意的箐竹在纤尘不染的境地，生生不息地繁衍。三五成群的打笋人，在茂密的箐竹林中穿梭前行，寻找刚出土的竹笋。在几十万亩的竹海中，人如大海中的小虾，渺小而脆弱。父亲告诉我，进入山林，要用木桩或刀在经过的地段"打个记"作为路标，避免迷路。打笋子时，不能离他太远，互相之间要不时发出吆喝之声，相互应答，谨防野兽侵害。

　　打竹笋最好的天气是晚上下了雨，白天出太阳的时候，这样的雨后春笋，又多又好。有时候运气不佳，进山就遇上瓢泼大雨。到了吃午饭的时候，父亲带着我找到一个小溪边，捡些

箐竹笋

竹笋加工

干柴，悄悄生上一堆火，将石灰粑粑放在火炭上，并把带壳的筇竹笋放入火中一起烧烤。待竹笋烧熟粑粑烤热，用木棍将竹笋从火中刨出，剥去外壳，鲜嫩的竹笋冒着热气，蘸上豆瓣酱，就着香脆扑鼻的"石灰粑"，让人感觉那是世界上最美味的午餐。这种吃法，粗犷中有几分考究，原始中又透出几分现代气息。古人云：客中虽有八珍尝，哪及山家野笋香。几十年来，我走南闯北，吃过不同风味特色的佳肴，但在记忆深处，难以忘怀的还是烧竹笋与石灰粑粑的味美，这种大山深处的味道，在我的灵魂深处烙下了深深的印迹。

打笋季节，"打笋人"便十天半月在林边搭建窝棚住下，天天"打笋子"，虽然生活十分艰苦，但有不少的经济收入。在大同二十四岗和细沙三江口的原始森林中，沿山沟搭建的窝棚，在青翠的竹海里，像原始人的部落，凄美而苍凉，浪漫而殷实。

筇竹又名罗汉竹、佛肚竹、密节竹。筇竹与一般竹子的不同之处，是竹节较细，节间短而膨大，好似弥勒佛之肚，又好似叠起的罗汉。筇竹是中国珍贵的特有竹种，早在晋代戴凯之《竹谱》中就有记载，汉朝已制成手杖远销西域。筇竹笋肉厚、质脆、味美，富含钙、铁、镁、蛋白质及多种维生素和微量元素，具有清热健脾、利肝胆、防直肠癌的功效，尤利于减肥益寿，被誉为"蔬中熊掌"。筇竹笋不仅是一种蔬菜，一种美食，更是一种文化，一种故乡的味道，一缕缕清脆、甜润的乡情。

筇竹笋无论是煎、炒、煮汤还是凉拌，都鲜嫩清香。在永善大街小巷的不同餐馆，菜谱上都有琳琅满目的筇竹笋菜谱，素炒竹笋、笋块红烧肉、竹筒鸡、春笋豆腐汤、香椿拌春笋、竹笋炒肉丝等，其实我最喜欢吃的便是竹笋炒肉丝，闻着味道就垂涎三尺。做法很简单，将澄亮光滑的鲜笋在沸水中过一下，捞起后切成丝，将生姜、辣椒切成丝备用。锅中放油烧至七层热，放入肉丝炒至酥散，再放入笋丝、姜、葱、蒜等作料。这样，一盘香喷可口的竹笋炒肉丝就做好了，尝一口，就有再吃一口的欲望。

魔芋种植

　　文人爱竹，爱的是它的清高的气节，一节复一节，千枝揽万叶，我自不开花，免撩蜂与蝶。历史上文人既爱竹，也喜欢食竹笋，竹笋博得不少文人雅士的厚爱和赞美。传说苏东坡在杭州做官时，有一次路过于潜县金鹅山，为眼前的修竹密篁所陶醉，诗兴大发，不禁吟道："宁可食无肉，不可居无竹。无肉使人瘦，无竹使人俗。人瘦尚可肥，士俗不可医。"诗未成，于潜县令用"笋子焖肉"款待他，东坡食后赞不绝口，情不自禁续上后两句："若使不瘦又不俗，还是天天笋焖肉。"

　　昭苏万物春风里，又是尝鲜好时节。在杏花春雨、布谷声声的阳春三月，永善城乡几乎家家户户都变着花样吃鲜笋。一个地方的饮食文化，总是受历史文化、风俗习惯、地域环境和生活观念的影响。在全球性崇尚绿色饮食文化的影响下，喜食竹笋不仅是国人的最爱，许多追求生活品质和瘦身的外国人特别喜欢食笋。如今，上帝滋养在原始森林深处的筇竹笋，以清水笋、笋干、麻辣笋丝的身份，打着"素食之王"的名片，坐着飞机、火车、轮船，走出了国门，成了外国人又一道盘中新宠。

"素食之王"白魔芋

魔芋豆腐

魔芋基地如浩渺荷塘，团团簇簇的魔芋叶，似田田荷叶，在微风中，卷起清凉的碧波。偶尔可见魔芋花悄然从叶间冒出，婷婷婀娜，白中带紫，紫中带绿，如梦幻般的色彩点缀在绿色的田野。走进溪洛渡镇明子村，可以感受"素食之王"金江白魔芋别样的风采。

魔芋又名药蒟芋、雷公枪、妖花、鬼芋等。春种秋收，集山川之灵性，汇天地之精气，奇花可观，块茎能食。在明代，就有永善老百姓在房前屋后种植魔芋的记载。关于魔芋的起源，传说在远古时候，炎黄大帝夫妇，走遍神州大地，为天下人寻找食物，夫妻俩乘着白鹤来到白鹤洞山上的老虎垭，见漫山遍野倒下不少人，口吐白沫，浑身抽搐。叫来土地爷询问，土地爷说：从西天来了一个魔鬼，撒下些特别麻舌头的黑圆果果。因为这里三年饥荒，人们饥不择食，吃了黑果果毒性发作而倒下。这种黑坨坨叫魔芋，必须加一种药，炮制熟透后才能食用。这个秘方在魔鬼手里不肯拿出来。炎黄夫人听后当即在老虎垭上垒起七星灶，砍来栗木柴，对着西天焚水煮魔鬼，烧煮了七七四十九天，终于把魔鬼烧成灶灰。用灶灰泡

成碱水,用来煮魔芋,就去除了魔芋的毒性,吃起来美味可口。

世间万物阴阳转换,美丑同行,邪恶与善良共生。炎黄夫人焚水煮魔鬼,炽热的火焰在阳光下剧烈燃烧,使"鬼芋"在凤凰涅槃般浴火重生,从此脱胎换骨,心存美好,一心向善,滋养万物,护佑百姓安乐。炎黄夫人降"恶魔",黑坨坨变成宝贝果。从此,魔芋这种绿色生态食品在深山峡谷中繁衍,滋养了一代又一代的中华民族。

记得在幼年的时候,老家办红白喜事,总少不了要做一大锅魔芋豆腐,作为办酒席的菜,心灵手巧的母亲总是当仁不让地负责掌灶。烟熏火燎的厨房里,灶膛中的火苗嗞嗞作响,母亲将魔芋粉搅拌入锅,小火烧煮,然后用烧碱点制。一会儿,看似一锅浑浊的汤便慢慢变成了微黄鲜嫩的魔芋豆腐。母亲用菜刀将魔芋豆腐划成小方块,魔芋块便在沸腾的锅中活蹦乱跳起来。在那个生活十分贫寒艰苦的年代,能吃一顿魔芋豆腐心里感到十分满足。母亲在烧制魔芋豆腐时,我总是围着灶台转,即使在屋外的院坝里与小伙伴玩,心里也一直牵挂着锅中的美味。待魔芋豆腐做好以后,母亲会将魔芋豆腐切成小块,

芋角

在里面放上姜、葱、蒜、辣椒、酸水、盐拌匀后，让我在厨房角落的小木凳上坐下慢慢吃。寒冷的冬天酸辣可口的魔芋豆腐，让我满口生津，吃得额头上冒出热汗。如今，母亲已到另一个世界，回想起幼年时的魔芋豆腐，心中感觉暖暖的。在童年的记忆中，魔芋豆腐不仅是一种美食，更是母亲对儿女沉甸甸的爱。

永善特殊的亚热带立体气候，适宜白魔芋生长。沿金沙江的乡（镇）都有分布，是全县最大的农业支柱产业。金江白魔芋品质优良，芋角色白、板干、角状、浆质饱满，干茎内葡萄甘露聚糖高达74.04%，干芋条出粉率、黏度居全国之首，被誉为"魔芋皇后"。曾获1988年全国"星火计划"成果展单项荣誉奖，1992年魔芋种植与精粉加工获云南省"星火计划"一等奖。2000年获日本JONE有机绿色产品认证。

盛夏七月，骄阳似火。走进溪洛渡镇吞都村平原二组，那百亩连片的魔芋示范基地，像一块碧玉镶嵌在青山绿水间。田间劳作的徐忠禄说，示范基地采取标准化绿色无公害生产。他家今年种植白魔芋十四亩，年产魔芋四万余斤，年收入十万余元。

随着人们生活水平的提高，饮食也从过去的温饱型转向现在的美食保健型，全球性饮食观念的转变，世界上有很多国家喜食魔芋食品，其中日本人几乎每天都要食用魔芋制品。永善开发的魔芋丝、魔芋结、泉菌魔芋耳朵、雪魔芋、魔芋面、魔芋豆腐、魔芋曲奇、纯魔芋饼等产品，丰富了人民的餐桌，满足了食客的味觉。水煮魔芋，内含多肽，多胶原蛋白，多无机盐、多纤维素、多维生素，具有缓解疲劳、滋阴补肾的功效，其富含蛋白质更为男人之宝，对女性朋友具有缓解经期焦虑，祛痘美容，减肥保持常青态，更可媲美羊胎素的功效。

以魔芋为食，绿色保健，营养丰富。魔芋精粉散淡如尘，消融脂肪；魔芋豆腐，剔透如玉，香透心脾；魔芋粉丝，缠绵带汁，消解乡愁。煎、炒、炸、煮，一种做法，蕴一段风情，一种吃法，显一种韵味，意犹未尽，情趣盎然。

脐橙飘香写乡愁

车过孔家岩，云层之上，山峰突兀高耸，公路像一条腰带，系在高山悬崖之间，金江百里大峡谷，深不可测。曾经奔腾咆哮的金沙江，静如淑女，江上清风拂面，波光粼粼，峡江岸边脐橙基地绿意绵长，从半山腰一直延伸到江边。

走进务基镇白胜村，远远望去，昔日贫瘠干旱的黄土坡，大大小小的圆形抗旱水池星罗棋布，阳光下，反射出莹莹的光。山路蜿蜒，民居聚散。满山的脐橙绿叶茵茵，金灿灿的果子挂满枝头，空气中飘溢着甜蜜的果香。果农们肩背手提采收的脐橙，穿梭忙碌在脐橙园里。路边，刚摘下的脐橙堆成座座小山丘，一箱箱码放整齐的脐橙，正待装车运往昆明、成都、广州、深圳等城市。

根纳三尺地，叶展两米天，秋去果似金，富了众乡亲。吴

脐橙

志能，是白胜村的脐橙种植大户，他的那份满足和自豪溢于言表。他说：我家种有 20 亩脐橙，到全部挂果进入盛产期，脐橙年收入可达到 40 多万元。吴志能的果园里，每棵脐橙树主干上涂满了消毒石灰，林间安放的太阳能杀虫灯、黄板，上面落满了被诱杀的害虫，林下布满了纵横交错的聚乙烯胶管和自动喷头用于给脐橙浇水。吴志能还说，白胜脐橙特别注重绿色生态种植，果品品质非常可靠。摘下一个脐橙，一层层剥开，橙黄鲜嫩的橙瓣露了出来，剥一瓣放入口中，香味浓郁，甜润纯正，味香汁多，入口化渣。

橙子又叫金环、黄果，属芸香科植物香橙的果实，原产于中国东南部，是世界四大名果之一。脐橙是橘的近亲，因肚皮上有一个小小的"肚脐眼"而得名，在我国已有 2000 多年的种植历史。

绩橘黄金果，蟠桃赤玉英，凤橘三百枚。烟波淡荡控空碧，卢橘子低山雨重。历史上许多文人雅士喜欢吃橘，并纵情为橘子歌

❶ 脐橙园
❷ 脐橙果香

唱。明代山水画大师沈周、书圣王羲之、唐代诗人杜甫，都曾留下过许多动人的诗句。东汉末年"怀橘遗亲"的动人故事在民间广泛流传。三国时期，吴国吴县华亭人陆绩，六岁时，随父亲陆康到九江谒见袁术，袁术拿出橘子招待。陆绩往怀里藏了两个橘子。临行时，橘子滚落地上，袁术嘲笑道："陆郎来我家做客，走的时候还要怀藏主人的橘子吗？"陆绩回答说："母亲喜欢吃橘子，我想拿回去给母亲尝尝。"袁术见他小小年纪就懂得孝顺母亲，十分惊喜。陆绩成年后，博学多识，通晓天文、历算，曾作《浑天图》，注《易经》，撰写《太玄经注》，成为三国时期的科学家。

金风吹过，漫山遍野的脐橙成熟了，一个个金灿灿的脐橙，像一盏盏小灯笼，挂在枝条上，泛着金子般的光芒。走进果园，热情好客的主人，会拿出幽香扑鼻的脐橙招待你，让你一次吃个够。永善人探亲访友、礼尚往来，总是要送上一箱脐橙，表达节俭而浓浓的乡情。脐橙成熟的季节，家中放一箱脐橙，屋子里便馨香四溢，拿一个脐橙闻闻，一股淡淡的清香，沁入心脾。

去年春节，一位多年不曾见面的朋友，从黄华镇给我带来一箱脐橙。妻子十分珍惜将它放在通风的阳台上，每当吃完晚饭的时候，从里面挑出两个，细细剥了，我们一起吃。妻子是个生活十分精细的人，吃脐橙也十分讲究，她不像一般人那样将脐橙切成几大块，简单粗暴地用嘴啃食，搞得满嘴满手尽是糖汁，黏糊糊的。她削脐橙显得十分安静、优雅，用一把小刀，像削苹果一样，先把脐橙最外边的厚皮仔细削掉，像在雕刻一件工艺品，削完外皮，再细细地削剥里面

白色的内皮，小心地将鲜嫩的脐橙分瓣，放在白色的盘子里，然后放上牙签，洗完手，与我一起用牙签挑起，慢慢品尝。挑一瓣鲜亮柔嫩的脐橙放入嘴里，甜津津、凉丝丝的，满口都是甜润润的果汁。这种吃脐橙的方式，是以对食物的感恩之心，敬畏食物，品味人生，享受生活。

记忆深处红橘香

七十六岁的母亲,心里老是挂念着远在黄华金家沟的表兄弟,嘴里常常叨念着要去黄华老家看看。为了满足母亲的心愿,几姊妹决定元旦放长假陪母亲到黄华看望曾表叔。

车过二龙口,从黄华垭口下来,到处是碧绿的白橘、脐橙、梨树林。树上,金色的硕果,在秋日的阳光下耀眼夺目。黄华集镇的公路旁,摆满了金灿灿的脐橙、白橘、甘蔗等水果。同车的二姐突然想起小时候到曾表叔家,吃过的又大又红、细嫩汁多的金江红橘。二姐说,到了曾表叔家好好吃一顿"金江红橘"。离开黄华老家,已三十多年,那种酸酸甜甜的味道无法从记忆深处抹去。

汽车从油路驶入一段崎岖不平的山路,一路下坡行驶十分钟左右,便到了曾表叔家。曾表叔的家在金沙江边的一个斜坡地上,前面是烟波浩渺的溪洛渡电站库区,左边便是发源于海拔三千多米的马楠山的金家沟小溪,马楠山的万亩草场和高原积雪涵养的水源,滋养了金家沟这片肥沃的土地。

曾表叔的家,是一个高低错落的四合小院,中间是建好不久的四层楼砖混房,左边是厨房,右边是杂屋和畜圈。院门前一棵上百年的银桦树,华盖擎天。院子旁边放着几盆花草,金黄的菊花散发出淡淡的清香。院门前遍野的橘子树一直延伸到江边。

中华人民共和国成立前,曾表叔家算是当地的名门望族,日子过得丰足。解放初期曾与当地肖家争夺土地和"保商权",两姓人家"打冤家",拼"火头",结果曾家惨败,仅留下曾表叔这一个孤儿,寄养于我外婆家,与母亲成了至亲的表兄妹。几十年过

红橘园

白橘

去了，无情的岁月已在曾表叔脸上刻下深深的皱纹，两鬓斑白，听力有些下降。年轻时，曾表叔曾经见证了黄华剿匪、云岚嘴七勇士舍生跳崖的壮举。中华人民共和国成立后，高大壮实，为人宽厚，能说会道的曾表叔是远近有名的能人，曾多年担任生产队长，带领乡亲脱贫致富。

热情的曾表叔知道我们要来，早已从树上摘下许多又大又甜的白橘和脐橙招待我们。多年不见，童年的故事总是涌上心头。记得小时候患了感冒，久咳不愈，在曾表叔家，他把红橘的上边挖一个小孔滴入几滴清油，放入火中烤到冒热气的时候给我们吃，吃了两次，还就真的不咳嗽了。童年的记忆，怀旧的情结，总让我们惦记着记忆中的"金江红橘"。便忍不住问曾表叔：您家里还有红橘吗？曾表叔眉宇间略略一动，轻轻地叹息说：以前有几十亩红橘，都"高改"嫁接成现在的"白橘"和"纽荷尔"了。20世纪七八十年代，<u>这里的红橘果大</u>、<u>色红</u>、<u>皮薄</u>、<u>甜酸适度</u>，<u>大量销往昆明</u>、<u>成都</u>、重庆。每年秋天，许多挂着外地牌照的大卡车到村里收购，路边停放的车辆前不见头，后不见尾，那个排场好壮观。说话间，曾表叔突然眼前一亮，他说差点忘了，在屋旁边还有两棵嫁接失败的红橘，这几年自生自灭，也没有用心管它。今年雨水好，也结了不少，我带你们去摘来尝尝。

我们抬着梯子，拿上竹筐和木钩，来到红橘树下。仅存的两棵红橘相距不过三米，一眼望去显得有些苍老、干枯，在大片脐橙、白橘和花椒树中，显得十分孤单、落寞。红橘树虽不枝繁叶茂，但枝头挂了许多橘子，像红红的灯笼，在阳光下发出温暖的光。清风徐来，空气中飘来记忆中的红橘香味。世间万物总是逆境成才。唐朝诗人李绅诗云：江城雾敛轻霜早，园橘千株欲变金。怜尔结根能自保，不随寒暑换贞心。这两棵被遗忘的红橘犹记贞心，凭着顽强的生命力，合着大自然的节奏，吮吸雨露，沐浴阳光，默默付出。悄然间，我对这两棵红橘，生出一种发自内心深处的敬仰。

采摘橘的仪式十分庄重。架好木梯，将箩筐挂在枝上，小心翼

翼地将红橘用剪刀一个一个剪下，装入筐中，既怕碰坏红橘，又怕伤着树枝。这个过程有一种祭祀的感觉，像从母亲的耳际取下珍贵的耳环，从蚌壳内取下明净的珍珠，指头间犹如拨动旋转的经筒。

离开曾表叔家，汽车在路上飞奔，车前放着五个连在一起的、金灿灿的红橘。二姐说这么大的红橘，我不忍心吃，拿回家做个摆设，也对家乡有个念想。天色渐晚，峡江两岸暮云飞渡，五个硕大的红橘泛着金色的光辉，我的思绪在黄华的山水间游荡，心里生出丝丝惆怅和遗憾。

红橘不知何处去，脐橙园里问秋风。曾经闻名于世的黄华金江红橘，牵引着多少游子的心，如今，吃着又大又红、味道纯正的"金江红橘"，也是一件十分奢侈的事。

人生如一阵偶尔刮过的秋风，不经意间，把你雕刻成沧桑残缺的模样。红橘的兴衰，亦如人生有完美，也有遗憾和残缺。遗憾是一种残缺美，一种怀旧美。遗憾是秋天里的一朵美丽的小花，黄灿灿地传递着春天的信息。春天因没有果实才有了花的璀璨，秋天因少了绿叶，才有了红叶的灿烂，黄华少了"红橘"，才有了"金江脐橙"的闪亮。

江南有丹橘，经冬犹绿林。在故乡的思念中，找回关于红橘的记忆，期盼传统的"金江红橘"产业，东山再起。在不久的将来，橘子熟了，丹橘满山，游子的思念，故乡的信念将挂满绿色的枝头。

红橘

后 记

一个地方历史悠久，文化底蕴深厚，靠什么来支撑？通过什么样的载体来展示？这也许是一个旅者最为关注，或者我们自身应当明了的答案。

如果，我们组织编撰的这本《文化昭通·永善》，能以文化大散文的表达方式，探究历史，诠释"善"的由来，解读"德行隽永·善行天下"的文化内涵，体现永善人由来已久的以"诚善之心，身体力行"的传统"善"价值观和价值理念，并把历史的久远、人文的厚重、山川的旖旎、民风的质朴、民俗的淳厚呈现给大家，让大家从中找到答案，从中汲取地域文化、民俗文化的精华，从中解读历史、解读永善，并使之传播传承下去，这便是我们的初衷和目的。

《文化昭通·永善》，是"文化昭通"丛书县区卷之一。在编撰思路上，立足"世界溪洛渡·云上马楠山"文化品牌，围绕"壮美永善·欢乐金江"的文化旅游定位，突出"从自然到人文、从物质到精神、从传统到现代"为主线，以"壮美永善"（山川美景、民风民俗）为经，以"欢乐金江"（历史、人文、文化）为纬，将历史人文、自然环境、区位优势、文化现象、旅游元素等"珍珠"有机串联起来。同时，注重以文字为主、图片为辅，点线交错，突出亮点；立足县情、以史为鉴，紧贴文化、深挖内涵，不求面面俱到，不重复自己，不重复他人，努力做文化产品、文化精品，使之成为"文化昭通"丛书的重要组成部分和有益补充，成为独立展示永善历史文化的一张新名片，成为挖掘和展示永善地方的自然地理、历史遗存、民族风情、文化艺术、人文精神为主要内容的文化读本。

为做好《文化昭通·永善》编撰工作，永善县委、政府高度重视，县委书记戈昌武、县长傅再胜亲自策划，成立了编撰工作领导小组及《文化昭通·永善》编辑委员会，并由刘洪芸出任主编，刘和朝、陈永明、殷卉担任副主编，由陈永明担任执行主编，杜福全、刘安忠担任执行副主编。中共永善县委办公室、永善县人民政府办公室下发了《关于做好〈文化昭通·永善〉卷编撰工作的通知》，对做好编撰工作做了安排部署，并及时落实经费、人员，对编撰工作给予全力的支持和保障，确保了编撰工作的有序推进。

《文化昭通·永善》编撰工作，自2016年11月正式启动以来，在市委宣传部和云南人民出版社指导组的指导下，编委会统筹协调，加强督促指导，先后组织召开"文化永善"调研座谈会，研究、讨论编撰提纲和写作大纲，听取和吸纳各方意见建议；组织开展"文化永善"调研采风，收集资料，挖掘素材，开阔视野，拓展思路；云南人民出版社指导组、文本编撰、图片拍摄人员，先后深入黄华、大兴、莲峰、水竹、马楠等乡镇开展调研、座谈；相关部门积极配合，及时提供资料，做好服务工作；编撰人员坚持以史为据，尊重历史，不妄议评说，认真负责，深入思考，密切配合，精心创作编撰，确保了编撰工作的顺利推进。《文化昭通·永善》书稿成型后，多方征求意见，先后五易其稿，反复修改完善。经过近两年的艰苦努力，这部深受各级各部门关注、凝聚编委会成员心血和汗水的文化读本终于得以付梓印刷，与大家见面。

《文化昭通·永善》共分四章十三节，其中序章《世界溪洛渡云上马楠山》和后记由陈永明撰稿，第一章"穿越历史之光"由杜福全编撰，第二章"凝眸经典岁月"由刘金富编撰，第三章"徜徉峡江山水"由陈洪编撰，第四章"探寻多彩民俗"由刘安忠编撰；图片统筹和组稿冷翔山、袁志坚。全书共12万字，配发图片270余幅。在编撰过程中，参阅了《永善县志（1995年版和2012年版）》《永善年鉴》《永善文史资料》《永善剿匪斗争史料选编》《永善革命斗争史资料选编》《永善革命遗址》《云南凉山工作团纪实》《曾泽生传》《永善文化概探》《峥嵘岁月》等志书和文化书籍。还得到了云南出版集团云南人民出版社文化读物编辑部主任、指导组组长海惠、编辑徐霞的悉心指导，得到了县、乡、镇各级各部门的全力配合，得到了县志办、党史研究室、政协文史委、县档案馆、图书馆、县文化馆等部门的通力协作，得到了县内外作家、离退休老同志、文化爱心人士的大力支持，在此未能一一列举，故一并致谢。书稿成稿后，先后书面函询征求了县委党史研究室、县志办、县文广旅游局等部门的意见，就书稿中涉及的历史沿革、重大事件、重要史实、文化旅游等方面审核把关，做了进一步的修改完善。

由于历史久远，资料庞杂，编撰难以概全，加之编撰人员水平局限，疏漏遗珠之憾在所难免，恳请大家见谅。

《文化昭通·永善》编委会
2018年8月